엄마와 딸의
핸드메이드 가을·겨울옷

엄마도, 딸도 예뻐 보이는
핸드메이드 옷이 가득

Contents

- 2 점퍼스커트
- 6 캐미솔톱과 점퍼스커트
- 8 원피스
- 20 개더 블라우스
- 24 티어 튜닉
- 26 스퀘어넥 블라우스
- 30 스퀘어넥 튜닉
- 32 티어 스커트
- 34 스퀘어넥 블라우스와 티어 스커트
- 36 팬츠
- 40 하프팬츠
- 42 조끼
- 46 판초
- 49 만들기 전에 알아야 할 것들
- 50 실물크기 패턴의 사용방법과 참고 치수표
- 51 수록 작품 만드는 방법

멋내기 즐거운 계절 가을·겨울.

아이와 예쁜 커플룩으로

기분좋게 즐겨보세요.

딸이 귀여워 보이는 옷.

엄마도 한층 더 젊어보이는 디자인으로

마음에 드는 원단을 찾아

아이와 함께 만들어 보세요.

* **실물크기 패턴에 대해서**
이 책에는 부록으로 실물크기 패턴이 들어있습니다. 수록된 작품은 일부의 옷과 소품을 제외하고, 실물크기 패턴과 그 응용으로 만들 수 있습니다. 50페이지의 「실물크기 패턴의 사용방법」을 참고하여 다른 종이에 베껴서 사용해 주세요.

* **수록 작품의 사이즈에 대해서**
모든 수록 작품은 엄마는 S·M·L의 3사이즈로, 아이는 신장 90·100·110·120cm의 4사이즈로 그레이딩되어 있습니다. 화보의 작품은 엄마는 M사이즈, 아이는 신장 100cm 사이즈로 제작한 작품입니다.

편리한 QR코드와 키워드 사용법
**엄마와 딸의
핸드메이드 가을·겨울옷 100% 활용하기**

★ QR코드를 찍으면 [패션스타트] 사이트에서 관련 상품을 보고 구매할 수 있습니다.

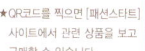 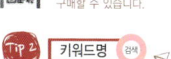
★ [패션스타트] 온라인 사이트에서 키워드를 검색하면 관련 상품을 보고 구매할 수 있습니다.
www.fashionstart.net

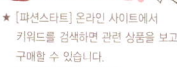

잔꽃나염

점퍼스커트

요크 아래에서 A라인으로 퍼지는 실루엣이
깔끔해 보이는 점퍼스커트입니다.
풍성하게 주름을 잡은 주머니로
귀여움을 더했습니다.

1 만드는 방법 : 51페이지
2 만드는 방법 : 4페이지

가방

옷과 같은 원단으로 만든 큰 가방.
여밈에 나무단추를 달아 포인트를 주었습니다.

3 만드는 방법 : 85페이지

2페이지 **2**

2・4의 재료 (기본)		90cm	100cm	110cm	120cm
2 겉감 (울 혼방 도트프린트)	150cm폭	80cm	90cm	100cm	100cm
4 겉감 (코듀로이/체크 양면)	110cm폭	110cm	120cm	130cm	140cm
접착심	90cm폭	15cm			
단추	지름 1cm	2개			
단추	지름 1.8cm	2개			
둥근고무줄	굵기 1mm	8cm			

・접착심은 요크・주머니 입구천의 안쪽 면에 붙입니다.
・No.4의 요크・어깨끈・주머니 입구천은 코듀로이면을 겉면으로 사용합니다.

패턴에 대해서

◆패턴 … B면 **2・4** 를 사용합니다.

* 사용 패턴 … 앞・뒷몸판・주머니 입구천・주머니
* 요크・어깨끈은 원단에 직접 제도하여 재단합니다.

2페이지2 도트융원단 / 6페이지4 기모체크 원단

6페이지 **4**

2・4의 제도

☐ = 2・4의 패턴

왼쪽 뒷요크 / 오른쪽 뒷요크 / 접착심 / 단추 / 고리(둥근고무줄)

어깨끈 (겉감・2장) (No.4는 코듀로이면)

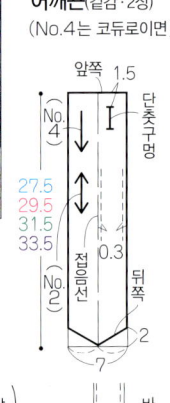
앞쪽 1.5 / No.4 / 단추구멍 / 27.5 29.5 31.5 33.5 / 0.3 / 접음선 / 뒤쪽 / No.2 / 2 / 7

요크 (겉감 접착심 각 2장) (No.4는 코듀로이면)

어깨끈 다는 위치 / 안쪽 / 바깥쪽 / 앞중심(골선)
뒷중심 / 0.3 / 7.1 7.5 8 8.5 / 4
28.5 / 30 / 32 / 34 (No.4) (No.2)

주머니 입구천 (겉감・접착심 각 1장) (No.4는 코듀로이면)

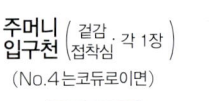
접음선 (No.4) 0.1

안쪽 / 바깥쪽 / 3.5

주머니 (겉감・1장) (No.4는 체크면)

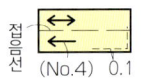
주름 0.1

접착심

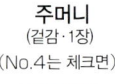

앞몸판 (겉감・1장)
뒷몸판 (겉감・2장)
(No.4는 체크면)

주름 / 0.5 / 트임 끝점 (뒷몸판만)
옆 / 앞중심(골선) / 뒷중심(연결)
주머니 다는 위치 (왼쪽 앞만)
1.4

4단의 숫자는 위에서부터
90cm
100cm
110cm
120cm
단독 표기된 숫자는 공통

2・4의 봉합 순서

1 주머니를 만들어 단다. (53페이지 참고)
2 뒷중심을 봉합하고, 트임을 마무리한다.
3 옆선을 봉합한다.
4 주름을 잡는다.
5 어깨끈을 만든다.
6 고리와 어깨끈을 끼우고, 겉요크와 안요크를 봉합한다.
7 몸판에 요크를 단다.
8 밑단선을 봉합한다.

4 완성

2 완성
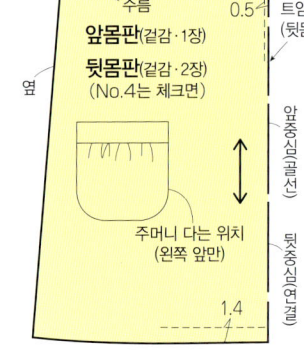

2 겉감 재단배치도

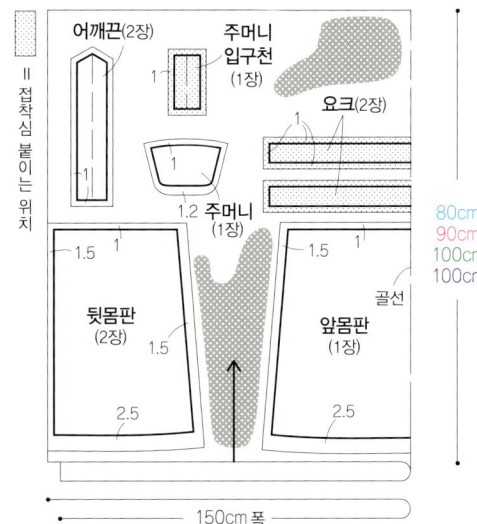

= 접착심 붙이는 위치

어깨끈(2장) / 주머니 입구천(1장) / 요크(2장) / 주머니(1장) / 뒷몸판(2장) / 앞몸판(1장) / 골선
1 / 1.2 / 1.5 / 2.5
80cm / 90cm / 100cm / 100cm
150cm 폭

4 겉감 재단배치도

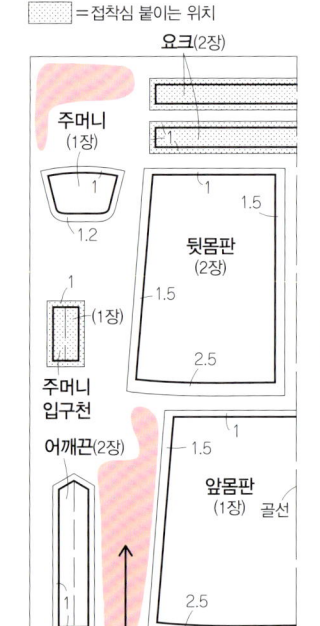

= 접착심 붙이는 위치

요크(2장) / 주머니(1장) / 뒷몸판(2장) / 주머니 입구천(1장) / 어깨끈(2장) / 앞몸판(1장) / 골선
1 / 1.2 / 1.5 / 2.5
110cm / 120cm / 130cm / 140cm
110cm 폭

2·4 의 만드는 방법

1. 주머니를 만들어 단다. (53페이지 참고)
2. 뒷중심을 봉합하고, 트임을 마무리한다.
3. 옆선을 봉합한다.
4. 주름을 잡는다.

5 어깨끈을 만든다.

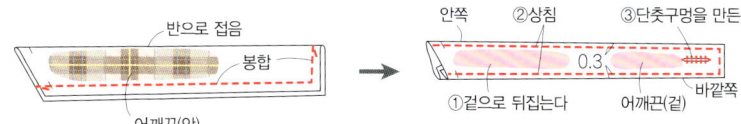

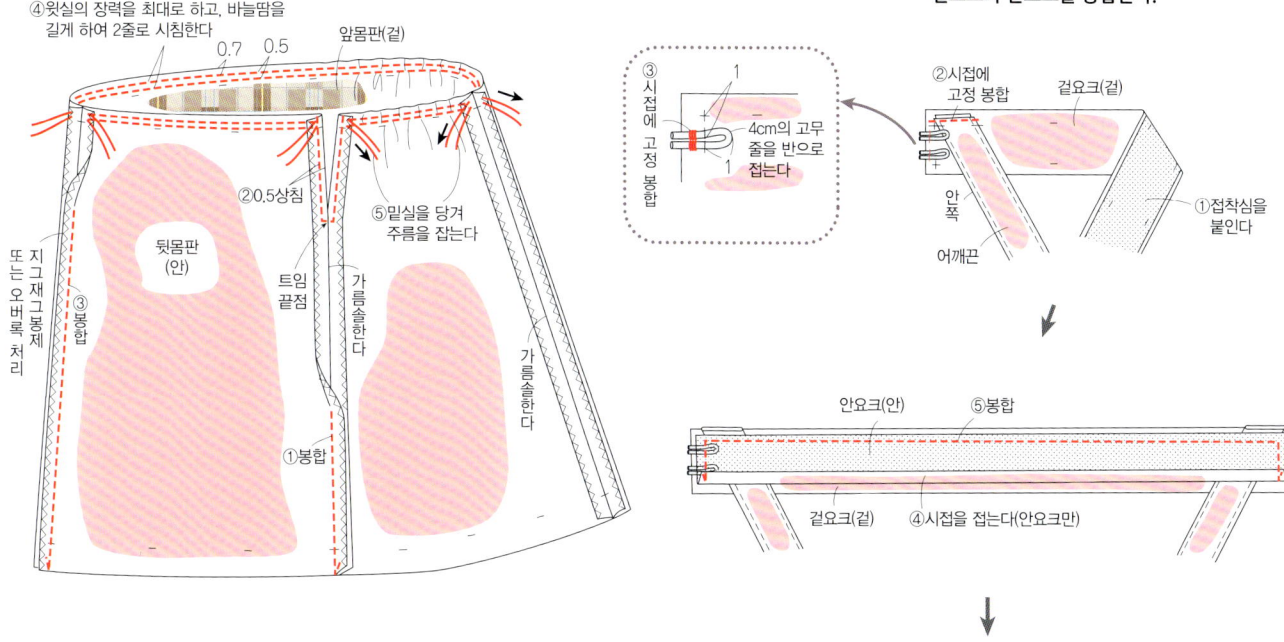

6 고리와 어깨끈을 끼우고, 겉요크와 안요크를 봉합한다.

7 몸판에 요크를 단다.

8 밑단선을 봉합한다.

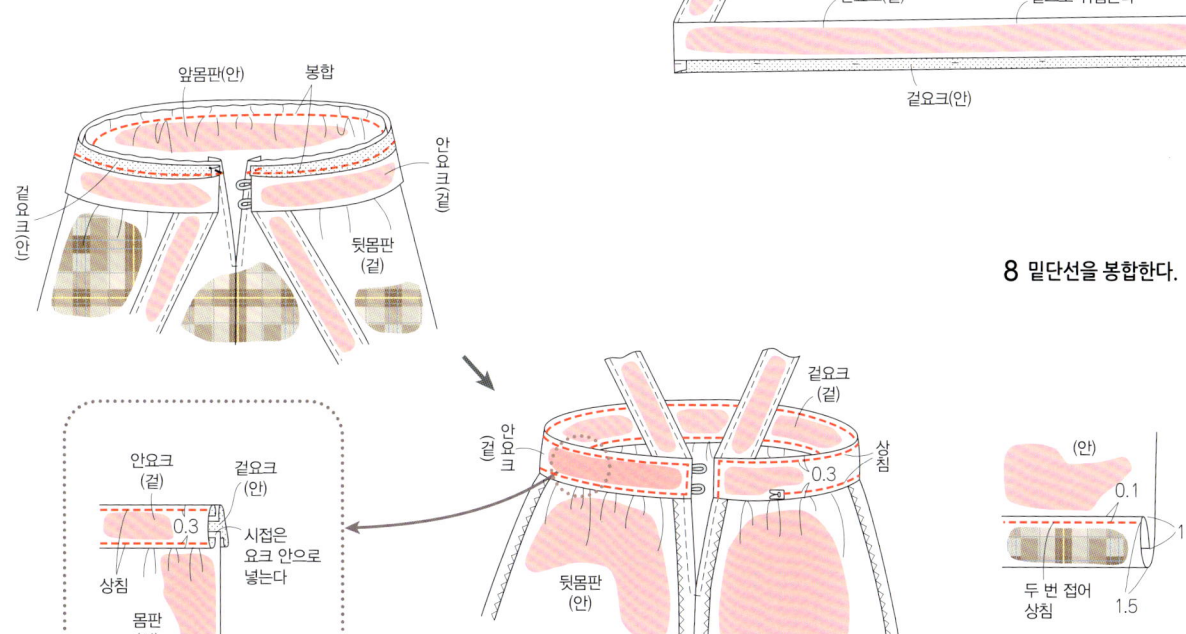

캐미솔톱과 점퍼스커트

Back Style

색상만 다른 원단으로 엄마의 캐미솔톱과
딸의 점퍼스커트를 만들었습니다.
시크한 체크와 무지의 양면 코듀로이를
매치한 디자인입니다.

4 만드는 방법 : 4페이지
5 만드는 방법 : 52페이지

가슴에 레이스 3개를 나란히

⑥

⑦

Back Style

원피스

앞몸판의 요크 아래에 주름을 넣어 만든
실루엣이 예쁜 원피스.
엄마는 모던한 아이보리색으로,
딸은 따뜻한 코코아색에 아이보리색의
레이스를 달아 귀여움을 더했습니다.

6 만드는 방법 : 54페이지
7 만드는 방법 : 10페이지

8 페이지 **7**

7의 재료 (기본)		90cm	100cm	110cm	120cm
겉감 (울 기모)	150cm폭	80cm	80cm	90cm	110cm
접착심	90cm폭	15cm			
단추	지름 1cm	1개			
둥근고무줄	굵기 1mm	4cm			
오가닉 코튼레이스	1.6cm폭	70cm	75cm	80cm	85cm
바이어스테이프(양면)	1.27cm폭	70cm	80cm	85cm	90cm

· 접착심은 앞안단·뒤안단의 안쪽 면에 붙입니다.

패턴에 대해서

◆ 패턴 … A면 7을 사용합니다.

＊ 사용 패턴 … 뒷몸판·앞몸판·앞안단·뒤안단·앞·뒷스커트·주머니

 기모 울

7의 제도

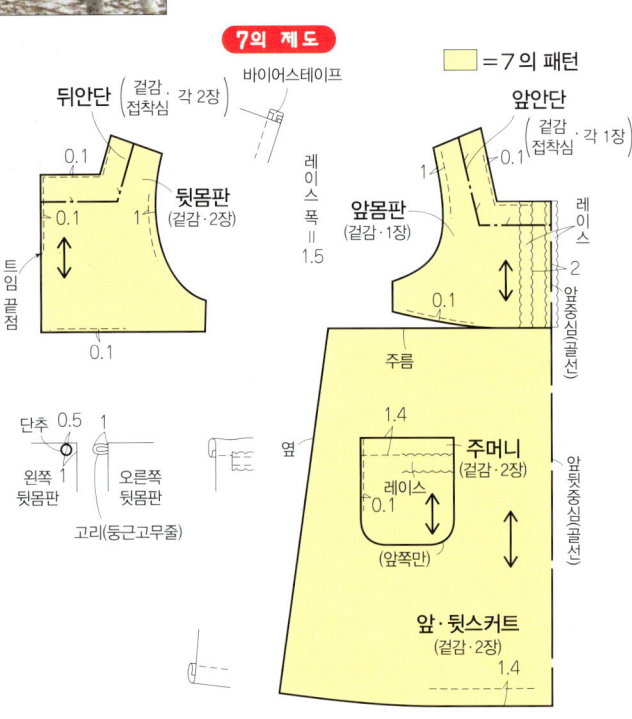

7의 만드는 방법

1 앞몸판에 레이스를 단다.
2 어깨선을 봉합한다.

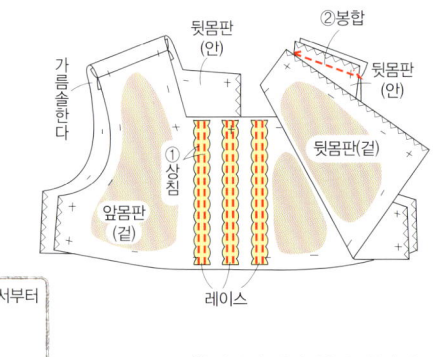

3 안단의 어깨선을 봉합한다.

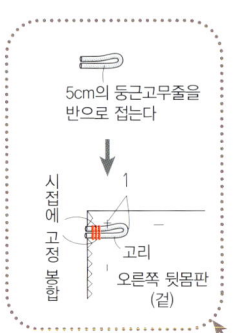

4 고리를 끼우고 몸판과 안단을 봉합한다.
5 소매둘레를 바이어스테이프로 마무리한다.

7 겉감 재단배치도

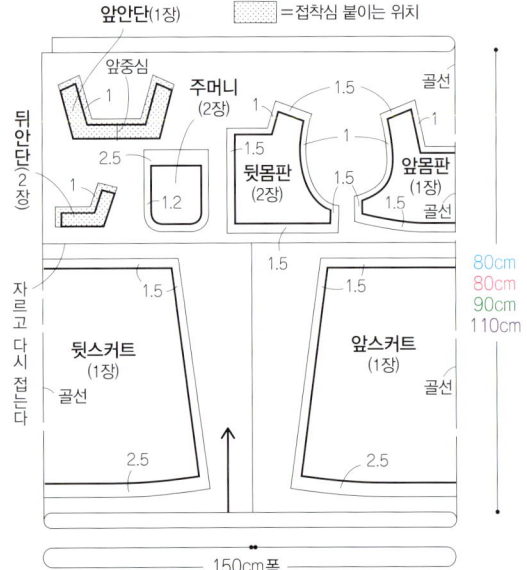

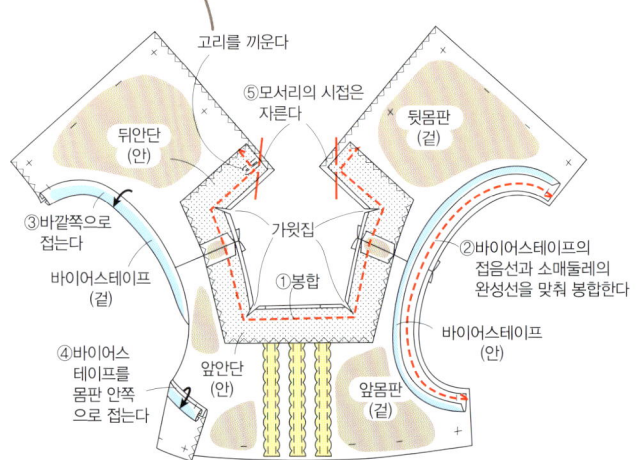

6 뒷중심선을 봉합한다.
7 옆선을 봉합한다.

① 안단을 접는다
③ 젖히고, 옆선을 바이어스테이프를 봉합한다
뒤안단(겉)
⑤ 상침
1
④ 바이어스테이프를 접는다
뒷몸판(안)
트임 끝점
② 봉합
앞몸판(겉)

상침
0.1
단추
0.5
상침
트임 끝점
뒷몸판(겉)
앞몸판(안)

8 주머니를 만들어 단다.

두 번 접어 상침
지그재그봉제 또는 오버록 처리한다
1   1.5
0.1
0.2   주머니(안)
0.5
곡선의 시접을 시침실로 촘촘하게 손바느질한다

1.5
상침   레이스
주머니(겉)

주머니(안)
접음
시침실을 당기고, 시접에 두꺼운 종이를 대고 다리미로 다린다
두꺼운 종이로 만든 곡선 패턴

주머니(겉)
상침
0.1
앞스커트(겉)

9 스커트의 옆선을 봉합한다.
10 밑단선을 봉합한다.

뒷스커트(겉)
봉합
가름솔한다
앞스커트(안)
두 번 접어 상침
1   1.5
접음   1.4

7의 봉합 순서

1. 앞몸판에 레이스를 단다.
2. 어깨선을 봉합한다.
3. 안단의 어깨선을 봉합한다.
4. 고리를 끼우고 몸판과 안단을 봉합한다.
5. 소매둘레를 바이어스테이프로 마무리한다.
6. 뒷중심선을 봉합한다.
7. 옆선을 봉합한다.
8. 주머니를 만들어 단다.
9. 스커트의 옆선을 봉합한다.
10. 밑단선을 봉합한다.
11. 주름을 잡는다.
12. 몸판과 스커트를 봉합한다.

11 주름을 잡는다.

① 윗실의 장력을 최대로 하고 바늘땀을 길게 하여 2줄로 시침한다
뒷스커트(겉)
0.7 0.5
앞스커트(안)
② 윗실을 당겨 몸판의 길이에 맞춰 주름을 잡는다

12 몸판과 스커트를 봉합한다.

2장 함께 지그재그봉합 또는 오버록 통솔처리
뒷몸판(안)
① 봉합
앞스커트(안)

몸판(겉)
③ 상침
0.1
② 시접을 몸판쪽으로 넘긴다
스커트(겉)

7 완성

작은 꽃무늬의
코듀로이를 사용

점퍼스커트 스타일의 원피스는
원하는 대로 레이어드할 수 있고, 자유롭게 입을 수 있어 편리합니다.
엄마는 슬리브리스, 딸은 캡 슬리브로 제작했습니다.
두 작품 모두 목둘레를 감싸 처리한 바이어스천을 길게 하여 리본을 묶었습니다.

8 만드는 방법 : 56페이지
9 만드는 방법 : 58페이지

원피스

부드러운 촉감이 기분 좋은 울 거즈 원피스는
앞몸판에 넣은 턱이 옷에 여유를 주어 입기 편합니다.
또한 큼직하고 편리한 주머니도 달아 주었습니다.
목둘레의 바이어스천을 몸판 원단과 동일하게 사용하여
통일감을 주었습니다.

10 만드는 방법 : 55페이지
11 만드는 방법 : 16페이지

14 페이지 11

기모체크 원단

11의 재료(기본)		90cm	100cm	110cm	120cm
겉감 (울 거즈)	135cm폭	90cm	1 m	110cm	120cm
접착심	10cm폭	15cm			
단추	지름 1cm	1 개			
둥근고무줄	굵기 1mm	4cm			
· 접착심은 뒤안단의 안쪽 면에 붙입니다.					

패턴에 대해서
◆ 패턴…B면11을 사용합니다.
* 사용 패턴 … 뒷몸판·앞몸판·뒤안단· 소매·주머니
* 바이어스천은 원단에 직접 그려서 재단합니다.

11의 제도

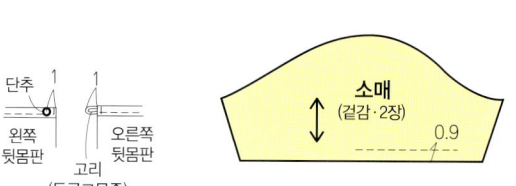

4단의 숫자는 위에서부터
90cm
100cm
110cm
120cm
단독 표기된 숫자는 공통

11겉감 재단배치도

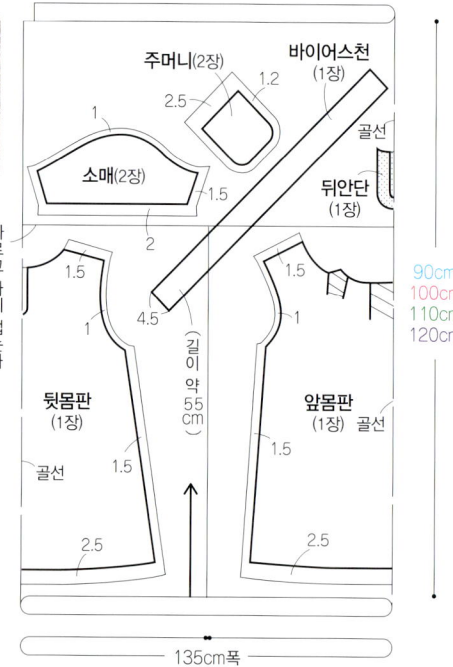

· 바이어스천은 길게 준비하고, 길이에 맞춰 나머지를 잘라냅니다.
· 바이어스천의 재단폭 = 완성폭×4+0.5 = 4.5

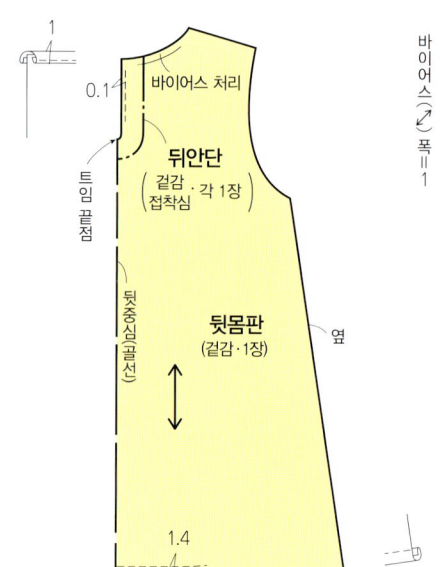
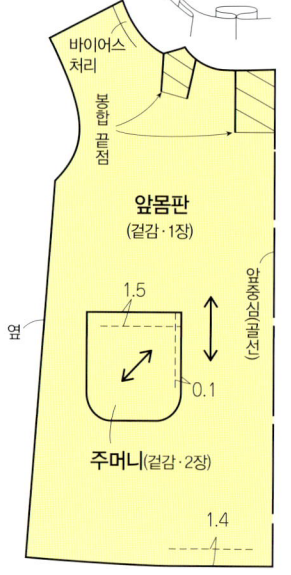

11의 만드는 방법

1 앞몸판의 턱을 봉합한다.

2 뒷몸판에 트임을 만든다.

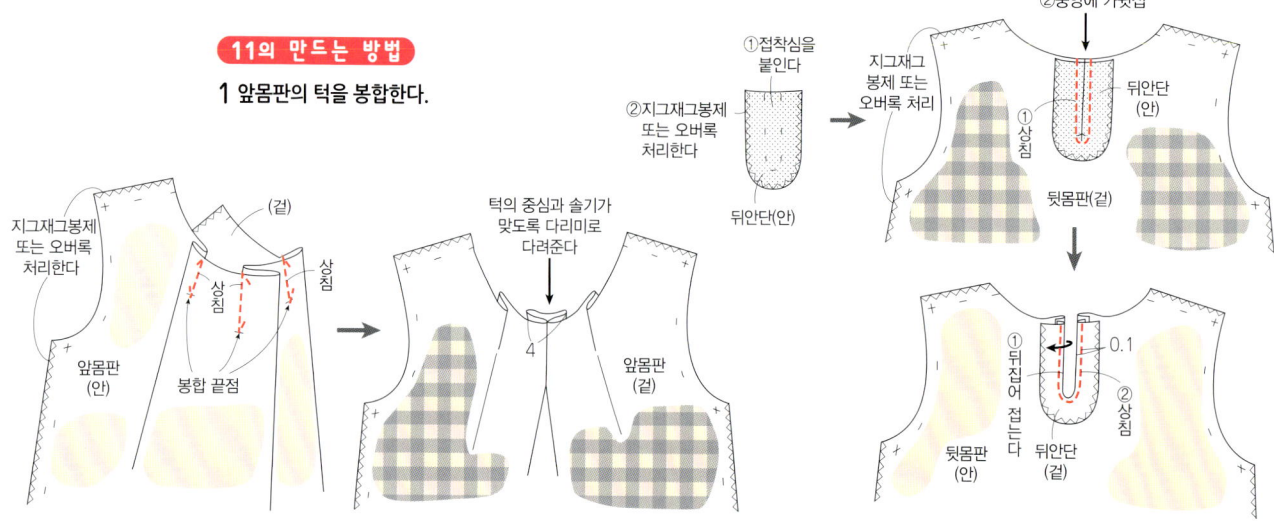

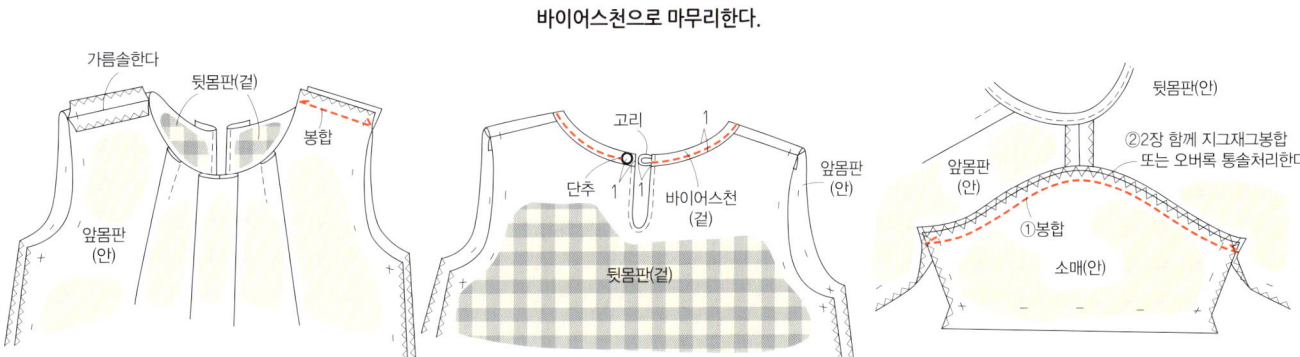

11의 봉합 순서
1. 앞몸판의 턱을 봉합한다.
2. 뒷몸판에 트임을 만든다.
3. 어깨선을 봉합한다.
4. 고리를 끼우고, 목둘레를
   바이어스천으로 마무리한다.
5. 소매를 단다.
6. 소매 끝부터 옆선을 이어서 봉합한다.
7. 밑단선을 봉합한다.
8. 소맷부리를 봉합한다.

바이어스천 만드는 방법과 다는 방법

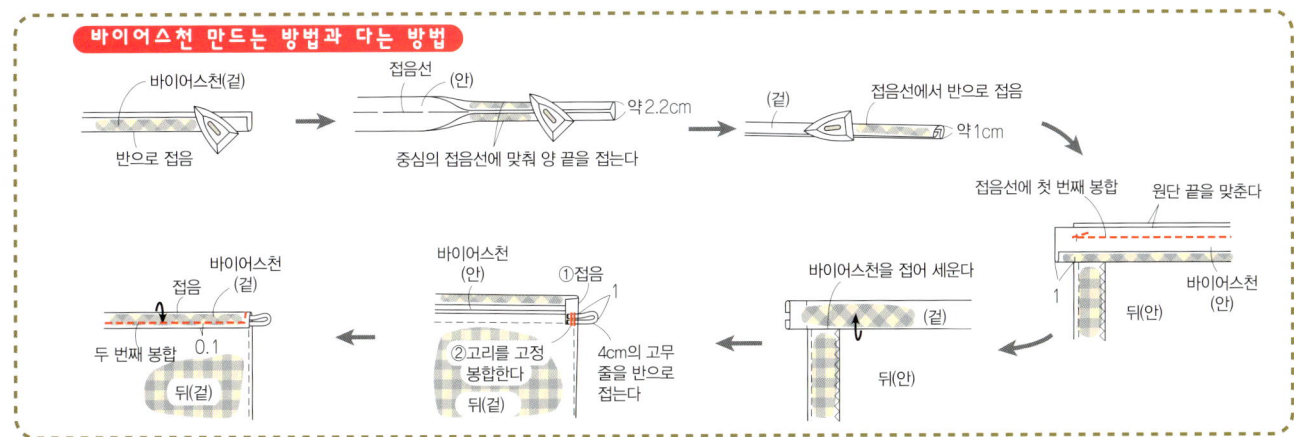

주머니 입구에도
레이스를 달아줍니다

세로로 흐르는 꽃무늬가 페미닌한 느낌의 원피스.
주머니 입구와 밑단에 단 레이스가 가로로 시선을 옮겨,
효과적인 디자인의 포인트가 됩니다.
세련되게 입고 싶은 날에 추천합니다.

12 만드는 방법 : 60페이지
13 만드는 방법 : 61페이지

개더 블라우스

길이가 길어 바지와 치마 모두에 잘 어울리는 개더 블라우스.
엄마는 로우 웨이스트에 고무줄을 넣고
딸은 허리를 피트시킨 입기 편한 디자인.
더블거즈의 프린트 원단을 이용해
딸은 핑크, 엄마는 시크한 블랙으로 만들었습니다.

14 만드는 방법 : 22페이지
15 만드는 방법 : 63페이지

20 페이지 14

14의 재료(기본)

		S	M	L
겉감(더블거즈 프린트)	110cm폭	210cm	180cm	220cm
고무줄	9mm폭	187cm	196cm	210cm
바이어스테이프(양면)	1.8cm폭	약190cm		

잔꽃나염

패턴에 대해서

◆패턴…A면 14를 사용합니다.
* 사용 패턴 … 앞몸판·뒷몸판·소매

14의 제도

□ = 14의 패턴

3단의 숫자는 위에서부터
S 사이즈
M 사이즈
L 사이즈
단독 표기된 숫자는 공통

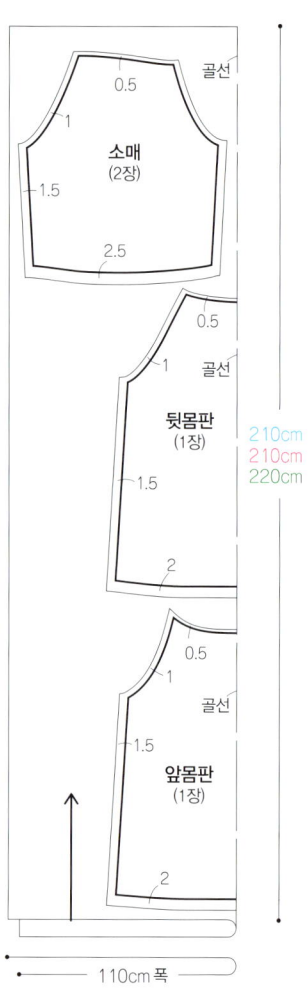

14 겉감 재단배치도

210cm / 210cm / 220cm
110cm 폭

14의 만드는 방법

1 소매를 만들어 소맷부리에 고무줄을 통과시킨다.

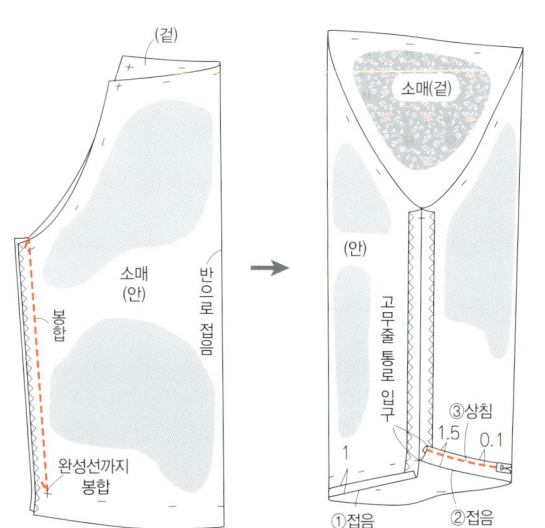

14의 봉합 순서

1 소매를 만들어 소맷부리에 고무줄을 통과시킨다.
2 옆선을 봉합한다.
3 소매를 단다.
4 목둘레를 바이어스테이프로 마무리하고, 고무줄을 통과시킨다.
5 밑단선을 봉합한다.
6 바이어스테이프를 몸판 안쪽에 달고 고무줄을 통과시킨다.

2 옆선을 봉합한다.
3 소매를 단다.

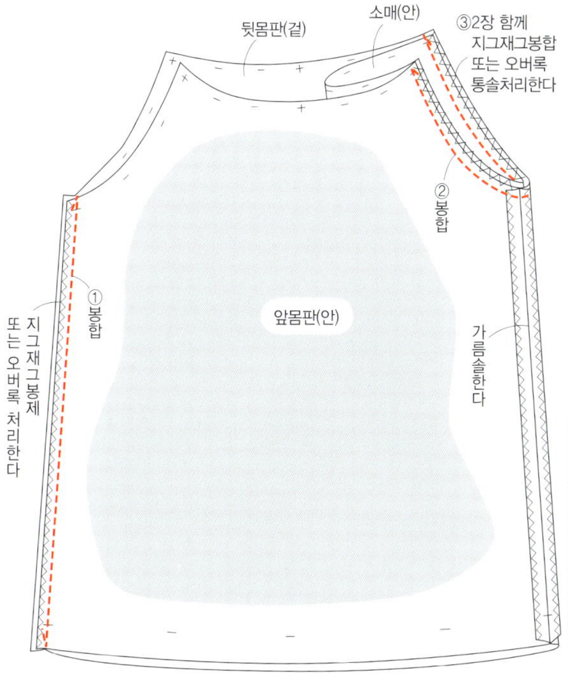

4 목둘레를 바이어스테이프로 마무리하고, 고무줄을 통과시킨다.

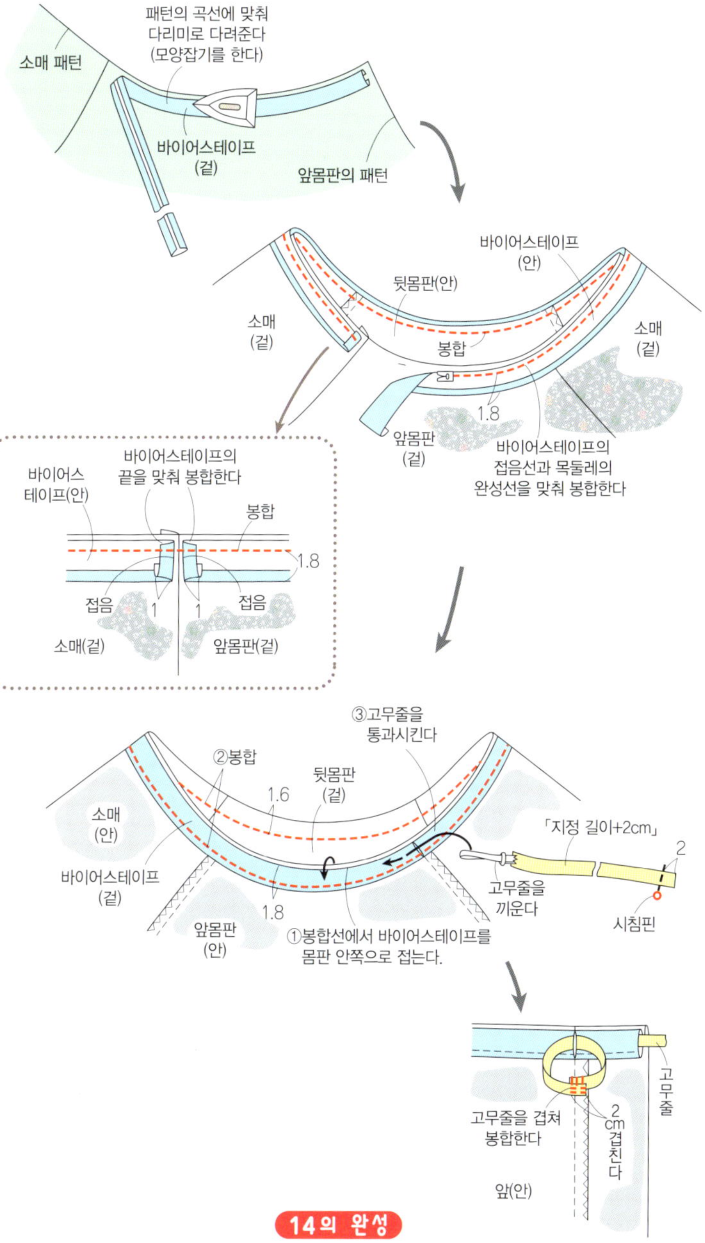

5 밑단선을 봉합한다.
6 바이어스테이프를 몸판 안쪽에 달고 고무줄을 통과시킨다.

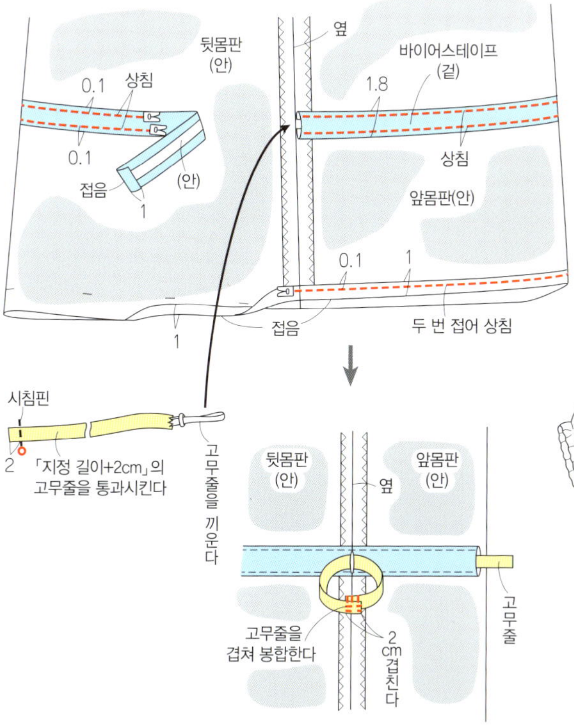

14의 완성

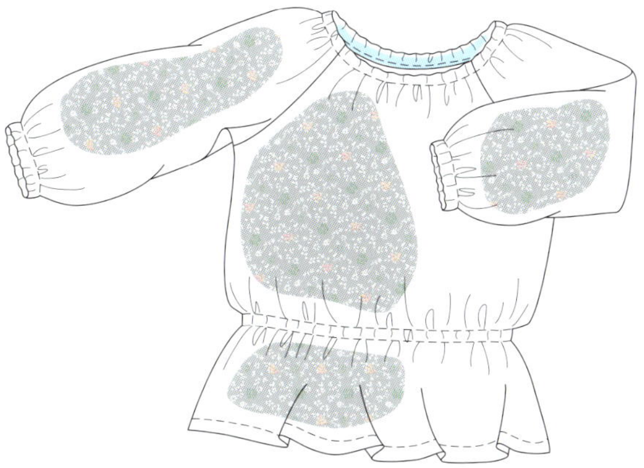

티어 튜닉

밑단을 2단으로 변형해
적당한 분량의 프릴을 단 귀여운 튜닉.
튜닉 그대로 입거나, 안에 스웨터를 겹쳐
레이어드 스타일로도 입을 수 있는 디자인입니다.
감촉이 부드러운 코튼리넨의 기모 소재입니다.

16 만드는 방법 : 66페이지
17 만드는 방법 : 64페이지

스퀘어넥 블라우스

18

19

26

Back Style

이너와 함께 레이어드하여
조끼 스타일로 입을 수 있는
깔끔한 스퀘어넥 블라우스.
보더무늬의 자카드 니트 원단을 사용했습니다.
입기 편하고, 예쁜 실루엣이 매력적인 블라우스입니다.

18 만드는 방법 : 28페이지
19 만드는 방법 : 67페이지

26 페이지 **18**

18·26의 재료(기본)		S	M	L
18 겉감 (자카드 니트)	150cm폭	100cm	100cm	110cm
26 겉감 (코튼 아문젠)	106cm폭	170cm	170cm	180cm
접착심	90cm폭	40cm	40cm	50cm

· 접착심은 겉·안의 앞요크·뒷요크의 안쪽 면에 붙입니다.

패턴에 대해서
◆ 패턴 … B면 18·26을 사용합니다.
* 사용 패턴 … 앞몸판·뒷몸판·앞요크·뒷요크·소매

 26페이지18 부드러운 기모니트
 34페이지26 심플 단색면

34 페이지 **26**

18·26의 제도

= 18·26의 패턴

3단의 숫자는 위에서부터
S 사이즈
M 사이즈
L 사이즈
단독 표기된 숫자는 공통

18겉감 재단배치도

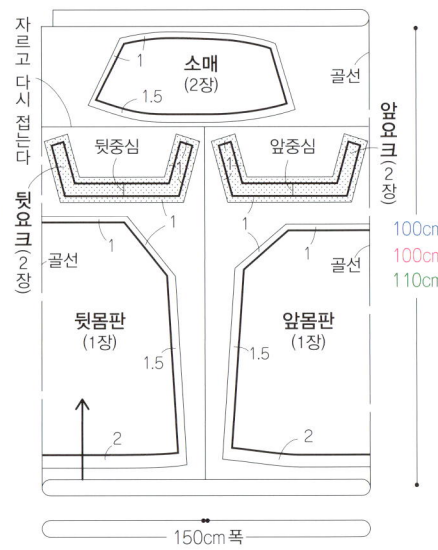

100cm / 100cm / 110cm
150cm폭

26겉감 재단배치도

170cm / 170cm / 180cm
106cm폭

18·26의 만드는 방법

1 요크의 어깨선을 봉합한다.

2 소맷부리를 봉합한다.

3 소매를 단다.

4 옆선을 봉합한다.
5 밑단선을 봉합한다.
6 몸판과 소매산에 주름을 잡는다.

7 겉요크를 단다.

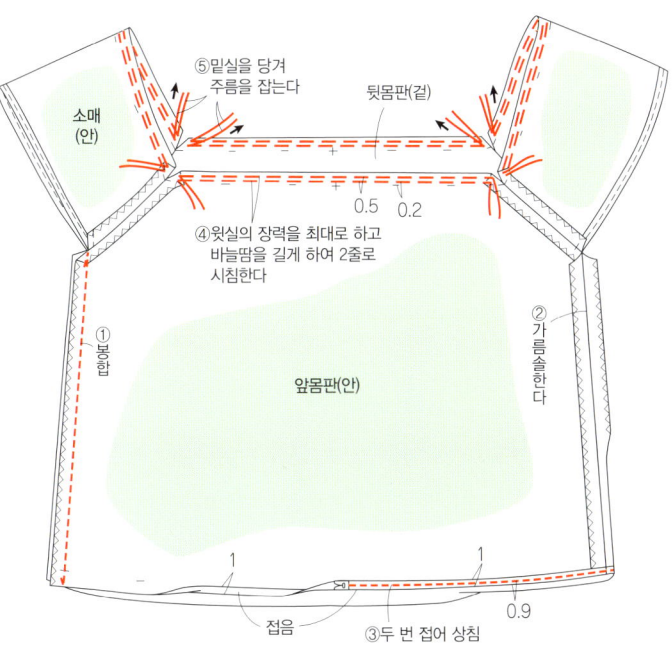

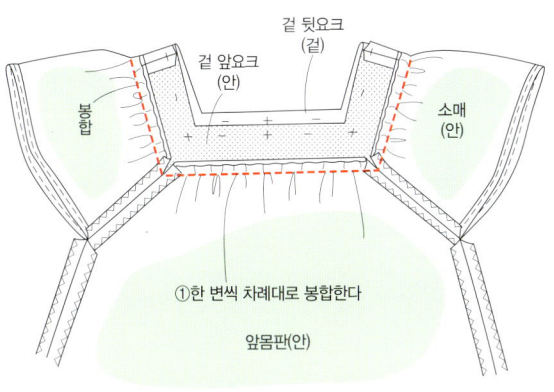

8 겉요크·안요크를 겹쳐 목둘레를 봉합한다.
　안요크를 뒤집어 고정 봉합한다.

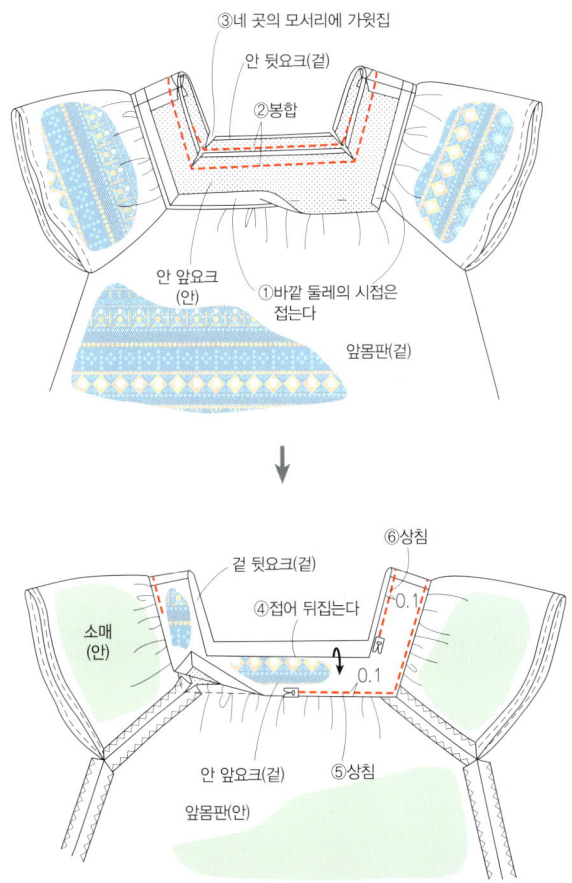

18 · 26 완성

촉감이 좋은
세련된 원단

Back Style

딸은 밑단에 프릴을 단 디자인.
엄마는 스키니진이나 레깅스에 코디해 멋스럽게
입을 수 있는 길이의 튜닉입니다.
8부 소매가 경쾌한 인상을 더해줍니다.

20 만드는 방법 : 68페이지
21 만드는 방법 : 70페이지

티어 스커트

22

23

검은색의 레이스로
차분하게

요크 아래에 주름을 넣어
간단하게 만들 수 있는
티어 스커트.
레이스를 달아
디자인에 포인트를 주었습니다.
코튼 기모 원단의 따뜻함도 매력을 더해줍니다.

아이보리색의
레이스가 깜찍

22 만드는 방법 : 71페이지
23 만드는 방법 : 72페이지

26페이지의 18, 19를 무지 원단으로 만든
24, 26은 한 벌 있으면
코디하기가 쉬워 유용한 아이템!
적당한 양의 주름이 있어 입기 편한 스커트는
밑단의 레이스로 보다 페미닌한 스타일이 됩니다.

24 만드는 방법 : 67페이지
25 만드는 방법 : 74페이지
26 만드는 방법 : 28페이지
27 만드는 방법 : 76페이지

가방

엄마와 딸의
스커트 원단을 사용해 만든 토트백.
사각의 바닥 둘레에 주름을 넣어
물건이 많이 들어가는 실용적인 아이템.

28 만드는 방법 : 86페이지

무지와 체크의
양면 원단을 사용한 팬츠.
엄마는 롤업해서 입을 수 있는
깔끔한 실루엣의 팬츠.
딸은 무릎 아래에 고무줄을 넣어
볼륨을 살린 귀여운 디자인입니다.

29 만드는 방법 : 38페이지
30 만드는 방법 : 77페이지

옆주머니의 입구에
체크패턴으로 포인트를 주었습니다

숄더백

양면 원단을 효과적으로 사용하여 만든
비스듬하게 메는 숄더백.
옷과 맞춘 가방은 핸드메이드이기 때문에 가능합니다.

31 만드는 방법 : 87페이지
32 만드는 방법 : 88페이지

36 페이지 29

29의 재료(기본)		90cm	100cm	110cm	120cm
겉감(데님/체크 양면)	110cm폭	70cm	70cm	100cm	110cm
고무줄	8mm폭	126cm	136cm	144cm	154cm
바이어스테이프(양면)	1.27cm폭	100cm	110cm	120cm	120cm

· 주머니 입구천은 체크면을 겉면으로 사용합니다.

패턴에 대해서

◆ 패턴 … B면 34을 변형해서 사용합니다.
* 사용 패턴 … 앞팬츠·뒤팬츠
* 주머니·주머니 입구천의 패턴은 들어있지 않습니다. 제도해서 패턴을 만듭니다.
* 앞팬츠·뒤팬츠는 바지길이를 길게 수정합니다.

단색 데님/프레피 체크원단

29의 제도

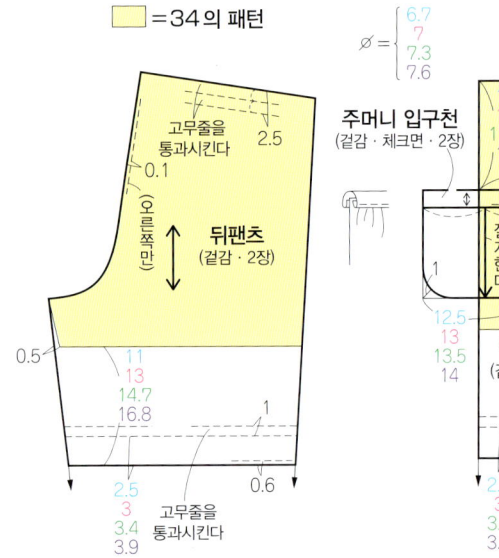
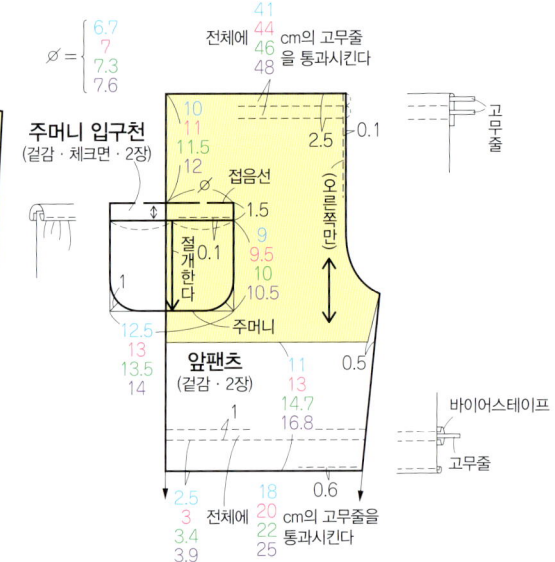

29걸감 재단배치도

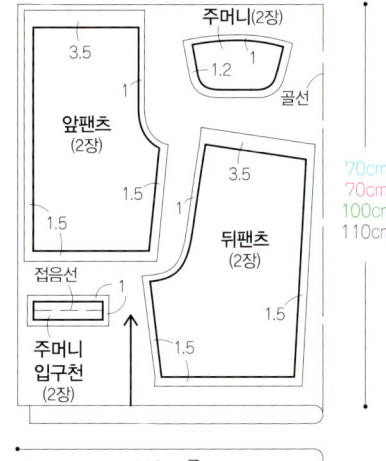

절개도

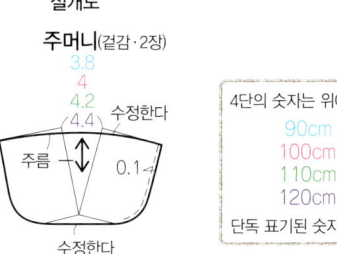

4단의 숫자는 위에서부터
90cm
100cm
110cm
120cm
단독 표기된 숫자는 공통

29의 만드는 방법

1 옆선을 봉합한다.

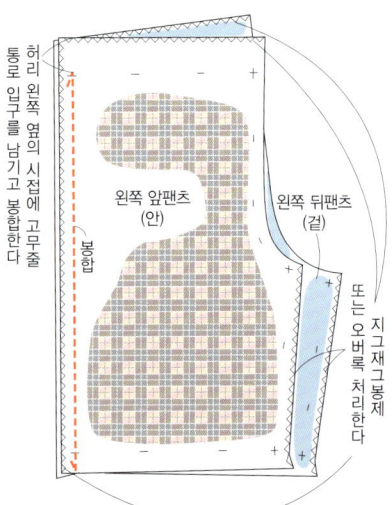

2 주머니를 만들어 단다.
(53페이지 참고)

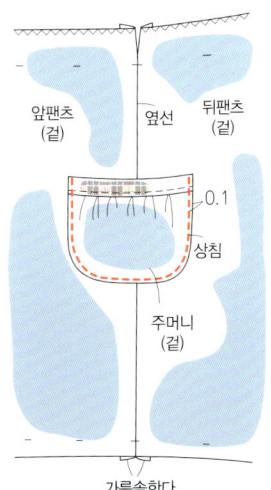

3 밑아래선을 봉합한다.

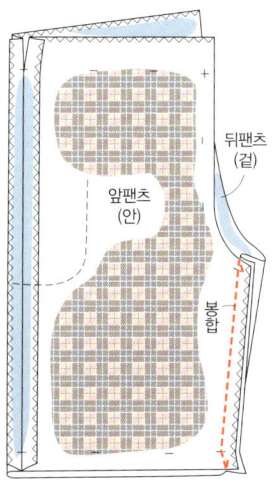

4 밑위둘레를 봉합한 후, 시접을 오른쪽으로 넘기고 겉에서 상침한다.

5 밑단선을 봉합한다.
6 바이어스테이프를 안쪽에 달고 고무줄을 통과시킨다.

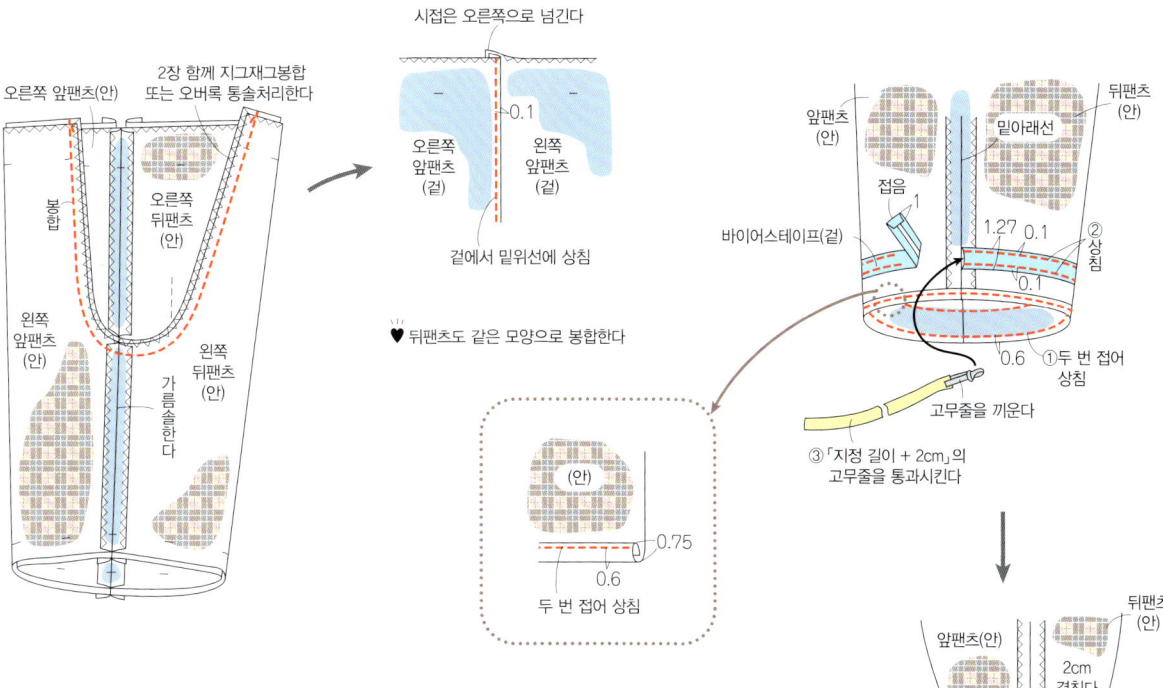

7 허리를 봉합하고 고무줄을 통과시킨다.

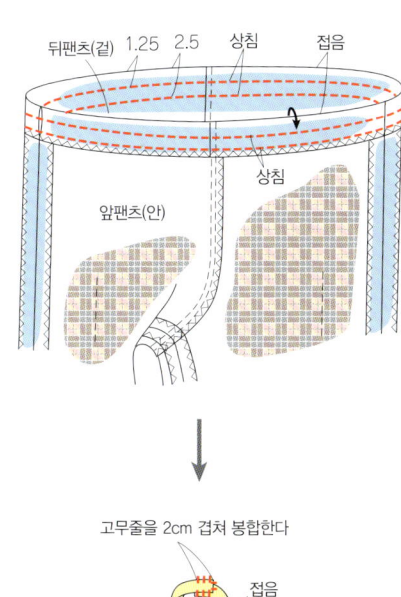

29의 봉합 순서

1. 옆선을 봉합한다.
2. 주머니를 만들어 단다.
3. 밑아래선을 봉합한다.
4. 밑위둘레선을 봉합한 후, 시접을 오른쪽으로 넘기고 겉에서 상침한다.
5. 밑단선을 봉합한다.
6. 바이어스테이프를 안쪽에 달고 고무줄을 통과시킨다.
7. 허리를 봉합하고 고무줄을 통과시킨다.

29 완성

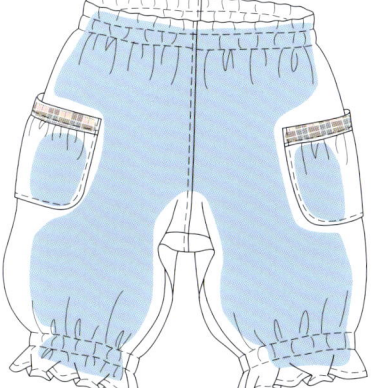

검은색의 도트무늬가
귀여운 트위드 원단

엄마는 싫증나지 않는 무지 원단을,
딸은 같은 원단에 도트무늬 자수가 들어간 트위드 원단을 사용했습니다.
양쪽 다 부츠에 맞춰 입고 싶은 5부 길이.
딸은 밑단에 커프스를 달아 귀여움을 더했습니다.

33 만드는 방법 : 84페이지
34 만드는 방법 : 80페이지

조끼

양면 덤블링 원단의
부드러운 감촉과 따뜻함이 매력인 조끼.
깔끔해 보이게 하는 짙은색의 바이어스가
쉽게 만들 수 있는 비결입니다.
엄마는 걸치는 스타일로,
딸은 걸고리로 여미는 스타일로
제작하였습니다.

35 만드는 방법 : 44페이지
36 만드는 방법 : 44페이지

푹신푹신한 소재감이 매력

42 페이지 **35**

35의 재료(기본)		S	M	L
겉감(양면 덤블링 원단)	130cm폭	60cm	60cm	70cm
바이어스테이프	2.2cm폭	350cm	360cm	375cm

· 겉감은 털의 방향이 위에서 아래로 내려오도록 패턴을 배치합니다.

패턴에 대해서
◆ 패턴…B면 35를 사용합니다.
* 사용 패턴 … 앞몸판·뒷몸판

 덤블링원단

35·36의 봉합 순서
1 어깨선을 봉합한다.
2 옆선을 봉합한다.
3 소매둘레와 몸판 둘레를 바이어스 테이프로 마무리한다.
4 걸고리를 단다.
(36만·49페이지 참고)

42 페이지 **36**

36의 재료(기본)		90cm	100cm	110cm	120cm
겉감(양면 덤블링 원단)	130cm폭	40cm	40cm	50cm	50cm
바이어스테이프	2.2cm폭	250cm	260cm	275cm	290cm
걸고리(大)		1쌍			

· 겉감은 털의 방향이 위에서 아래로 내려오도록 패턴을 배치합니다.

패턴에 대해서
◆ 패턴…B면 36을 사용합니다.
* 사용 패턴 … 앞몸판·뒷몸판

36의 제도 = 36의 패턴

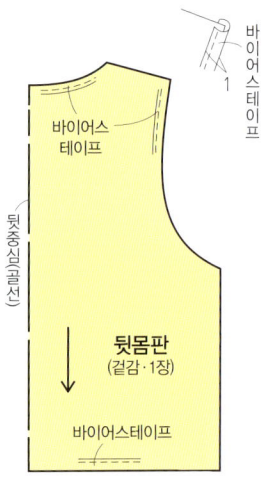
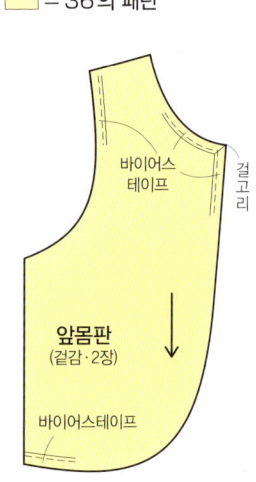

35의 제도 = 35의 패턴

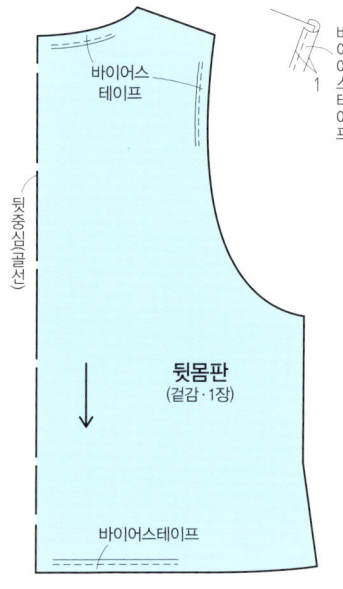
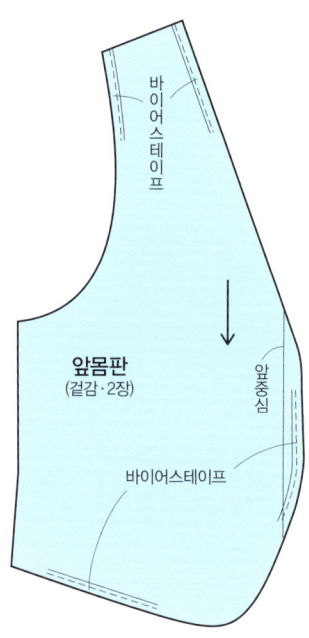

36 겉감 재단배치도

4단의 숫자는 위에서 부터
90cm
100cm
110cm
120cm
단독 표기된 숫자는 공통

35 겉감 재단배치도

3단의 숫자는 위에서부터
S 사이즈
M 사이즈
L 사이즈
단독 표기된 숫자는 공통

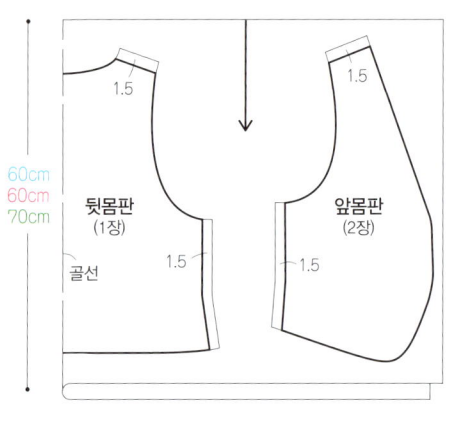

35의 만드는 방법

1 어깨선을 봉합한다.
2 옆선을 봉합한다.

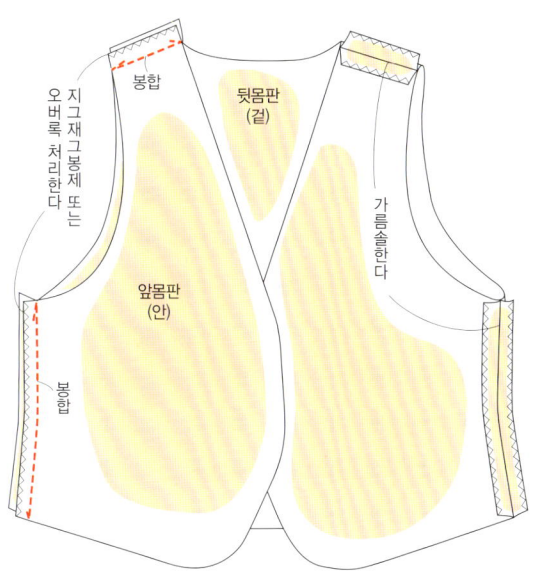

3 소매둘레와 몸판 둘레를 바이어스테이프로 마무리한다.

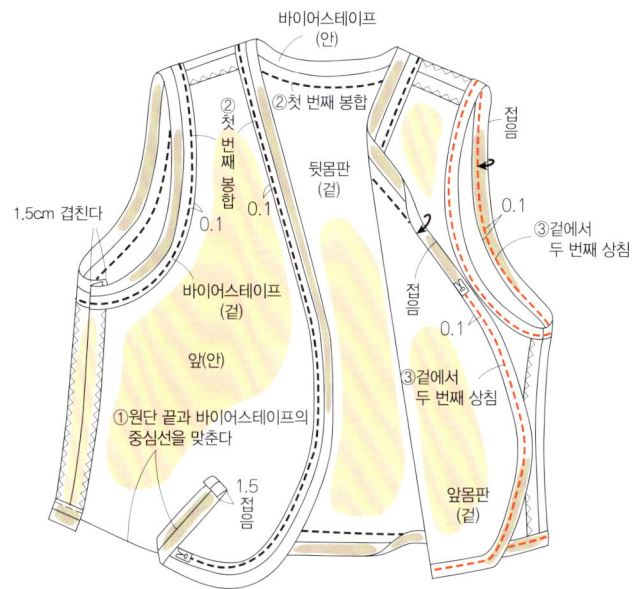

✽ 시접을 바이어스테이프로 감싸는 방법 ✽
(덤블링 원단에 지그재그봉제 또는 오버록 처리를 하지 않는 경우)

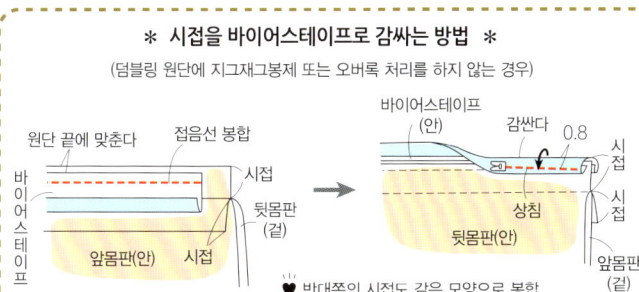

✽ 바이어스테이프 다는 방법 ✽

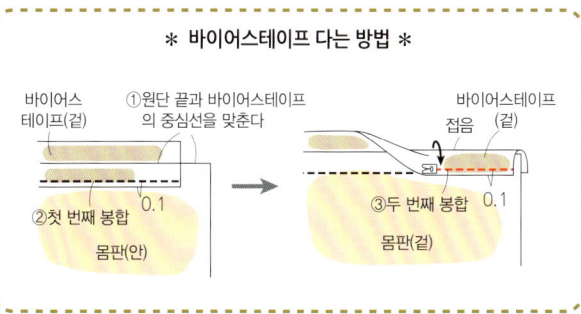

35의 완성

36의 완성

※ 자세한 만드는 방법은 No.35를 참고합니다.

4 걸고리를 단다.(49페이지 참고)

✽ 바이어스테이프의 모서리 봉합방법 ✽

귀여운 무늬의 후라이스 원단을 활용한 간단하게 만들 수 있는 가벼운 판초. 몸을 감싸주기 때문에 매우 따뜻합니다.
엄마는 같은 원단을 이용해서 머플러도 만들었습니다.
딸의 판초에는 나무단추로 포인트를 주었습니다.

37 만드는 방법 : 82페이지
38 만드는 방법 : 48페이지

머플러

46 페이지 38

38 의 재료(기본)	프리 사이즈
겉감(후라이스 프린트) 150cm폭	150cm
바이어스테이프(양면) 1.27cm폭	약 75cm

패턴에 대해서
◆패턴은 들어있지 않습니다.
* 앞몸판·뒷몸판·머플러는 원단에 직접 그려서 재단합니다.

 나염 폴라폴리스

38의 제도
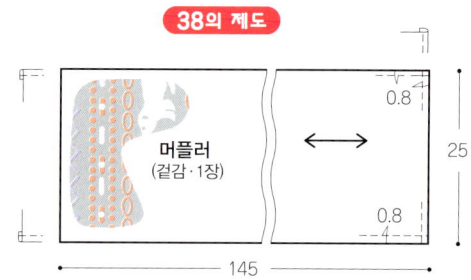

38겉감 재단배치도
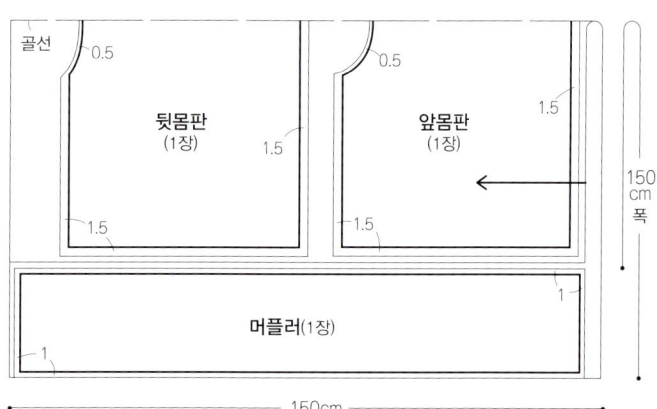

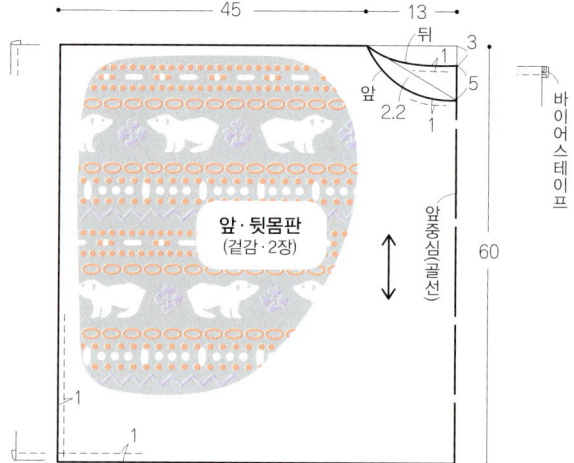

38의 만드는 방법
1 어깨선을 봉합한다.   2 둘레를 봉합한다.

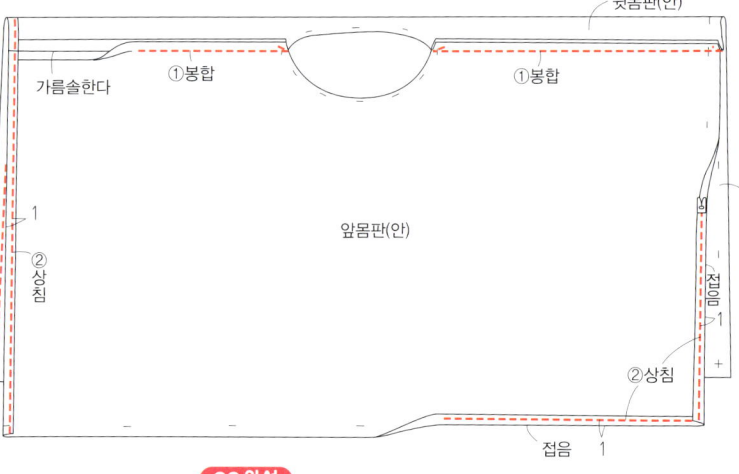

3 목둘레를 바이어스테이프로 마무리한다.

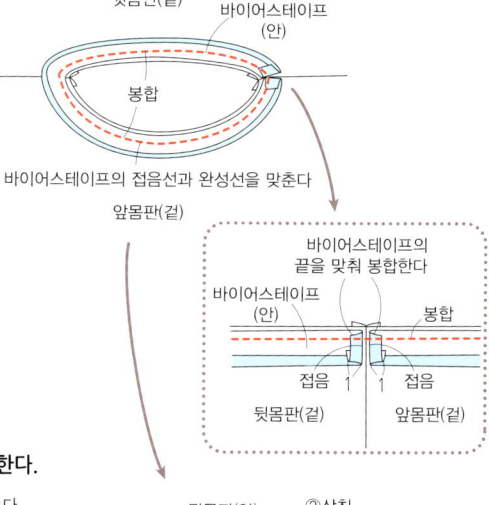

38완성
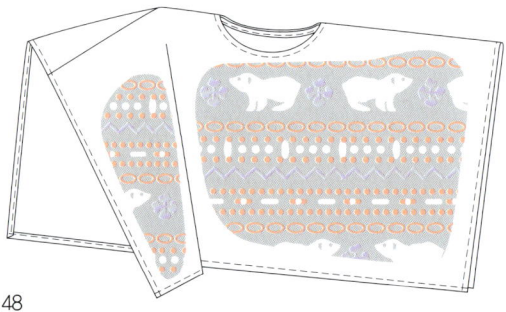

4 머플러의 둘레를 봉합한다.
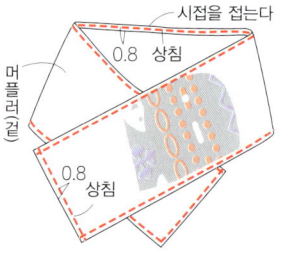

✷ ✷ ✷ 만들기 전에 알아야 할 것들 ✷ ✷ ✷

봉합의 포인트

● 모서리 봉합방법

두꺼운 원단의 경우, 모서리의 한 땀을 건너뛰고 봉합하면 겉으로 뒤집었을 때 모서리가 예쁘게 완성됩니다.

● 곡선 봉합방법

원단의 방향을 바꿔 봉합할 때, 원단이 움직이지 않도록 원단을 확실히 누르고, 2장을 맞춰서 봉합합니다.

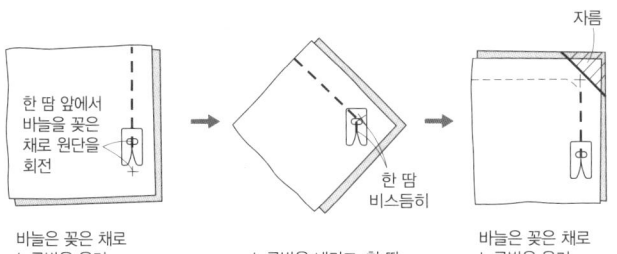

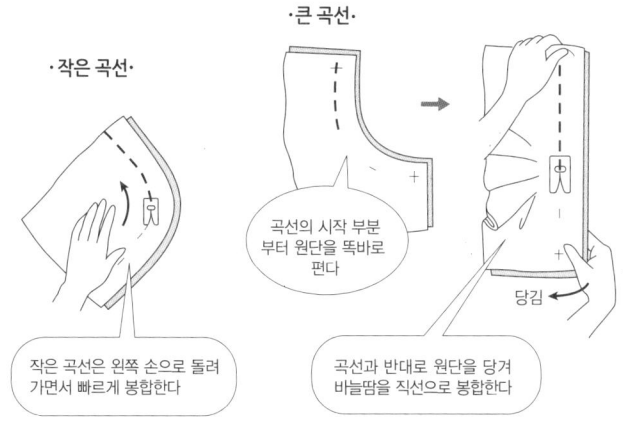

접착심 붙이는 방법

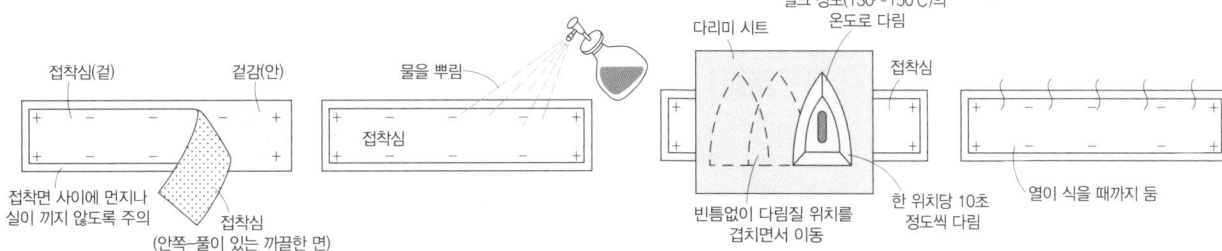

①겉감의 안쪽과 접착심의 안쪽 면이 맞닿도록 겹칩니다.

②접착심의 겉쪽면에 분무기로 물을 뿌립니다.

③접착심 위에 다리미 시트를 덮고, 130~150℃ (실크용)로 다리미 온도를 맞춰 체중을 싣고 눌러 다립니다. 이때 다리미를 문지르지 말고 꾹 꾹 10초 정도 수직방향으로 누른 후, 다림질 했던 부분과 살짝 겹쳐 빈공간이 없게 이동하여 반복합니다.

④열이 식기 전에는 접착력이 떨어질 수 있으므로 기다렸다가 사용합니다.

★ 접착심이 잘못 붙여졌을 경우 스팀다리미로 다시 다려 뜨거워진 상태에서 떼어냅니다. 떼어낸 접착심은 재활용할 수 없습니다.
★ 접착심의 풀이 다리미에 묻었을 경우, 뜨거운 상태에서 천 등으로 닦아냅니다.

걸고리 다는 방법

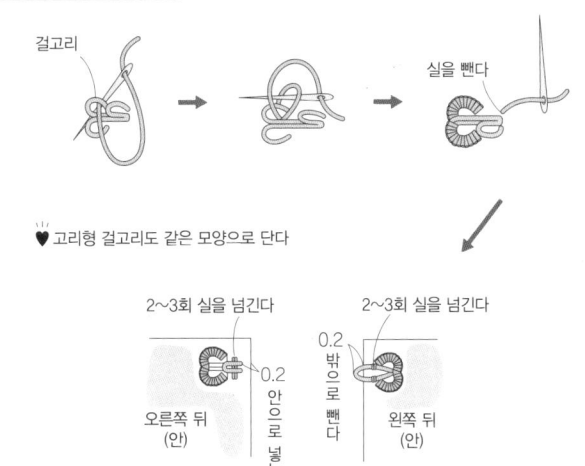

단추 다는 방법

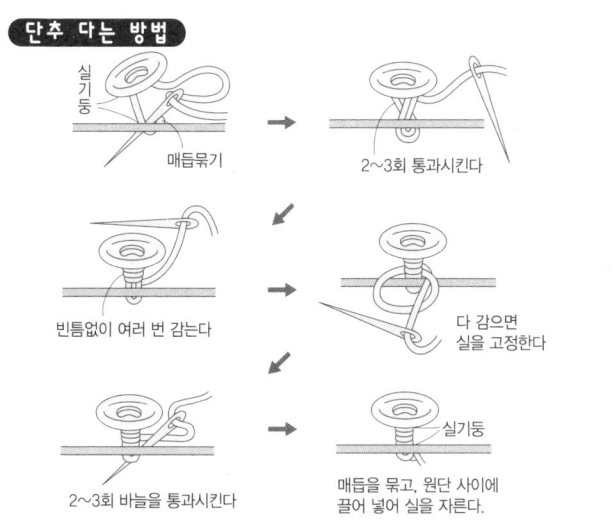

✱ ✱ 실물크기 패턴의 사용방법과 참고 치수표 ✱ ✱

만들고 싶은 작품이 결정되면

◆ 제작방법 페이지에 사용된 해당 패턴의 번호가 기재되어 있습니다.
◆ 실물크기 패턴을 펴서 큰 책상 또는 바닥에 펼칩니다.
◆ 만들고자 하는 작품의 패턴 번호가 어떤 색과 어떤 선으로 표시되고, 모두 몇 개의 패턴으로 나뉘어 있는지를 확인합니다.
※ 여러 개의 패턴이 겹쳐져 있으므로 사용할 패턴의 선을 형광펜 등으로 따라 그려 먼저 표시합니다.

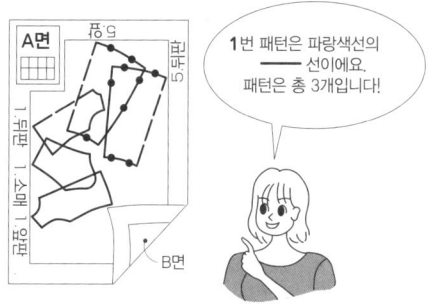

패턴을 베껴 그리는 방법

◆ 패턴은 일반적으로 다른 패턴지에 베껴서 사용합니다. 아래의 2가지 방법을 참고하세요.
◆ 응용작품의 경우 먼저 해당 패턴을 베낀 후, 제작방법 페이지에 기재된 방법대로 베낀 패턴을 변형하여 사용합니다.

불투명한 종이를 사용하는 방법

패턴과 패턴지 사이에 초크페이퍼를 끼워서 룰렛으로 패턴선을 따라 그립니다.

투명한 종이를 사용하는 방법

패턴 위에 패턴지를 대고 연필로 베껴냅니다.

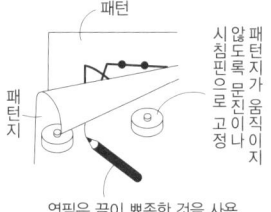

시접이 포함된 패턴 만들기

◆ 제작방법의 재단방법을 참고하여 베껴낸 패턴에 시접선을 그려줍니다.
시접선은 완성선에 평행하게 그립니다.
◆ 몸판의 밑단이나 소매의 끝단은 시접을 접은 상태로 옆선을 자릅니다.

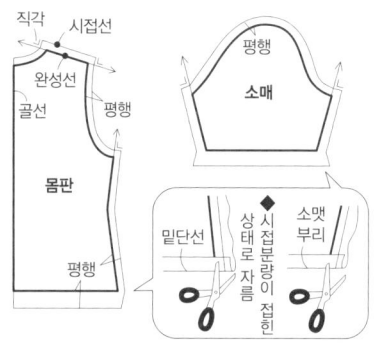

패턴을 베껴낼 때 주의사항

◆ 패턴과 패턴지를 '문진'이나 '시침핀'등으로 움직이지 않도록 고정합니다.
◆ 「맞춤점」「다는 위치」「봉합 끝점」「안내선」「식서」등도 빠지지 않게 베끼고, 각 부분의 명칭도 베낀 패턴에 기록합니다. 패턴의 길이가 길어 (원피스나 팬츠) 「접음선」에서 접어 겹쳐서 그려진 패턴은 펼친 상태가 되도록 베껴냅니다.

실물크기 패턴의 아동 참고 치수표 (단위 cm)

명칭 \ 사이즈	90cm	100cm	110cm	120cm
신 장	85~95	95~105	105~115	115~125
가 슴 둘 레	51	54	58	62
허 리 둘 레	48	51	53	55
엉 덩 이 둘 레	51	55	61	66
등 길 이	23	25	27	29
소 매 길 이	29	32	37	41
밑 위 길 이	19	20	21	22
밑 아 래 길 이	36	41	44	51
머 리 둘 레	50	52	54	55

실물크기 패턴의 여성 참고 치수표 (단위 cm)

명칭 \ 사이즈	S	M	L
가 슴 둘 레	80	82	90
허 리 둘 레	60	64	72
엉덩이둘레	88	90	96
손 목 둘 레	15	16	17
등 길 이	37	38	39
엉덩이길이	18	19	20
밑 위 길 이	25	26	27
밑아래길이	64	68	72
소 매 길 이	52	53	54
신 장	152	158	164

2 페이지 1

1의 재료(기본)		S	M	L
겉감(울 혼방 도트무늬)	150cm폭	170cm	180cm	190cm
접착심	90cm폭		30cm	
단추	지름2cm		2개	

· 접착심은 앞·뒷요크·주머니 입구천의 안쪽 면에 붙입니다.

패턴에 대해서

◆ 패턴 … A면 1을 사용합니다.

* 사용 패턴 … 앞·뒷몸판·주머니 입구천·주머니
* 앞·뒷요크·어깨끈은 원단에 직접 그려서 재단합니다.

도트융원단

1 봉합 순서

1. 주머니를 만들어 단다. (53페이지 참고)
2. 어깨끈을 만든다.(5페이지 참고)
3. 고리와 어깨끈을 끼우고, 겉·안의 요크를 봉합한다.
4. 옆선을 봉합한다.
5. 주름을 잡는다.
6. 몸판에 요크를 단다.
7. 밑단선을 봉합한다.

1의 제도

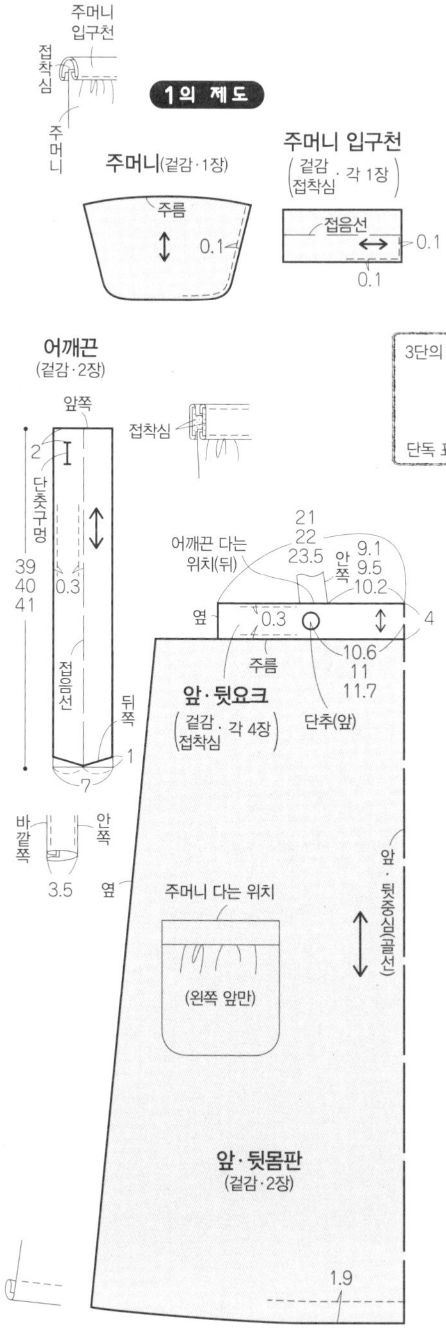

※ 자세한 제작방법은 52~53페이지 No.3을 참고합니다.

□ = 1의 패턴

3단의 숫자는 위에서부터
S 사이즈
M 사이즈
L 사이즈
단독 표기된 숫자는 공통

1 완성

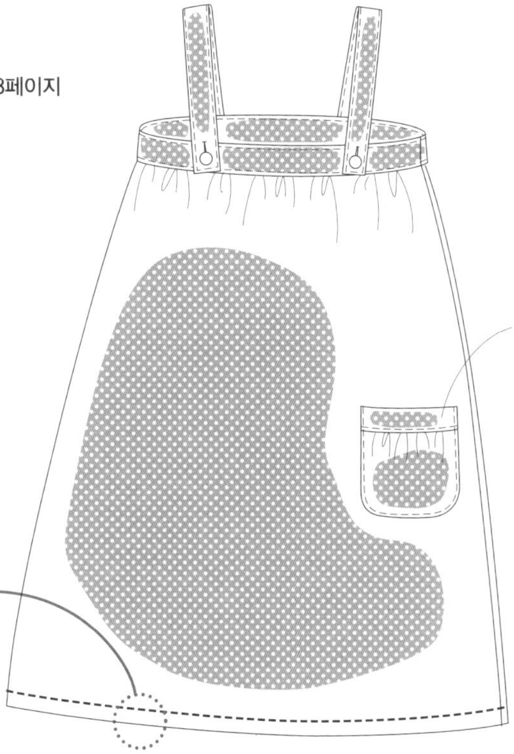

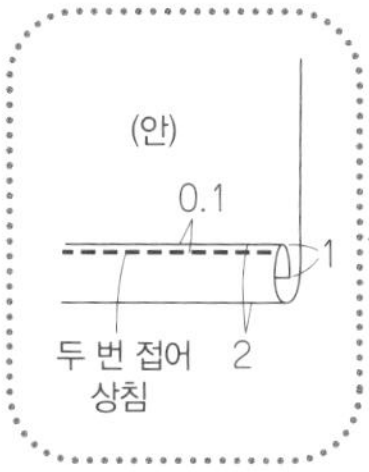

만드는 방법은 53페이지에 있습니다.

1 겉감 재단배치도

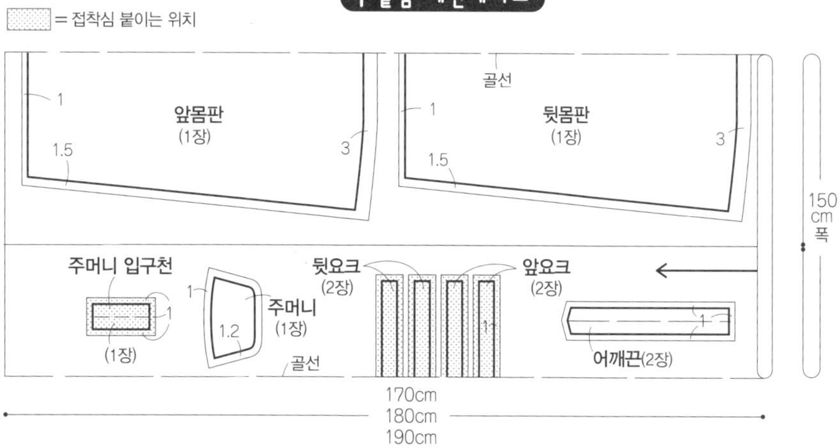

▨ = 접착심 붙이는 위치

150cm 폭

170cm
180cm
190cm

6 페이지 5

기모체크 원단

3의 재료(1을 응용)	S	M	L
겉감(코듀로이/체크 양면) 110cm폭	110cm	110cm	120cm
접착심 90cm폭		30cm	
단추 지름 2cm		2개	

· 접착심은 앞·뒷요크의 안쪽 면에 붙입니다.
· 요크·어깨끈은 겉감은 코듀로이면을 겉면으로 사용합니다.

패턴에 대해서

◆패턴…A면 1을 변형해서 사용합니다.

* 사용 패턴 … 앞·뒷몸판
* 앞·뒷요크·어깨끈은 원단에 직접 그려서 재단합니다.
* 앞·뒷몸판은 길이를 짧게 수정합니다. 주머니 입구천·주머니의 패턴은 사용하지 않습니다.

3의 제도

□ = 1의 패턴

3단의 숫자는 위에서부터
S 사이즈
M사이즈
L 사이즈
단독 표기된 숫자는 공통

3의 만드는 방법

1 어깨끈을 만든다. (5페이지 참고)
2 고리와 어깨끈을 끼우고, 겉·안의 요크를 봉합한다.

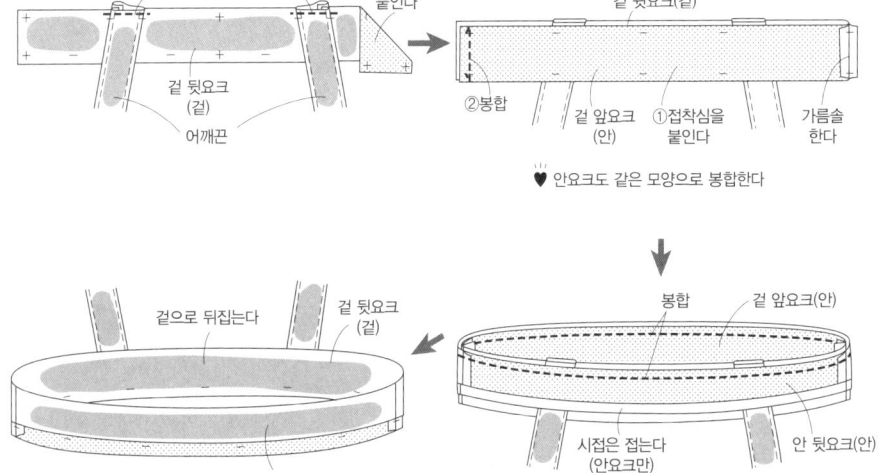

3의 봉합 순서

1 어깨끈을 만든다.(5페이지 참고)
2 고리와 어깨끈을 끼우고
  겉·안의 요크를 봉합한다.
3 옆선을 봉합한다.
4 주름을 잡는다.
5 몸판에 요크를 단다.
6 밑단선을 봉합한다.

3 옆선을 봉합한다.

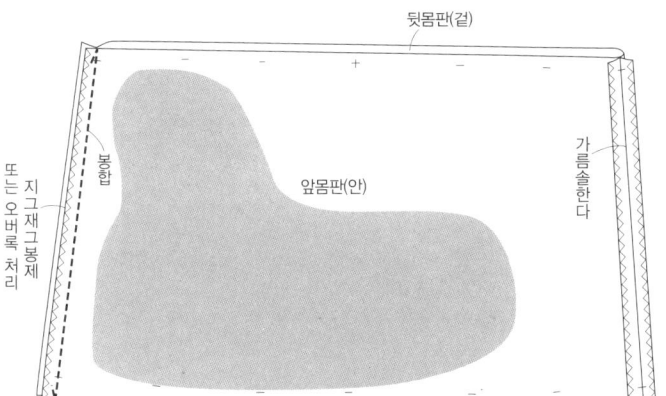

4 주름을 잡는다.

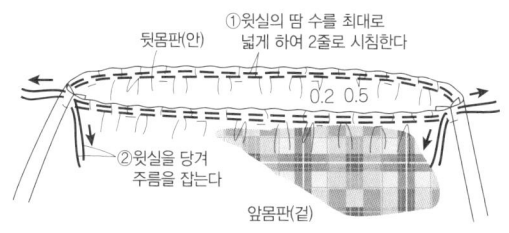

5 몸판에 요크를 단다.

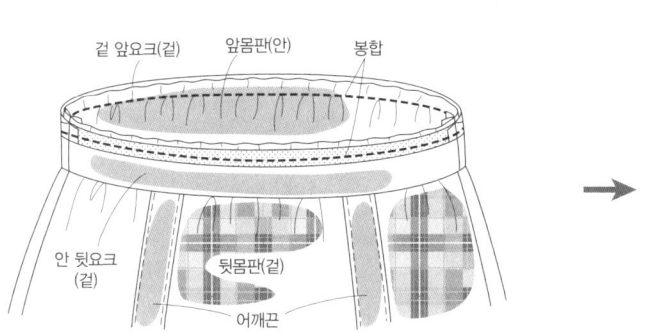

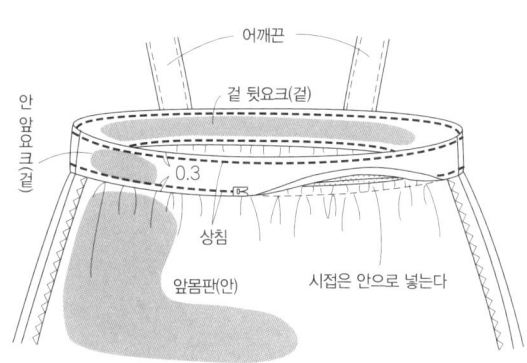

3 완성

6 밑단선을 봉합한다.

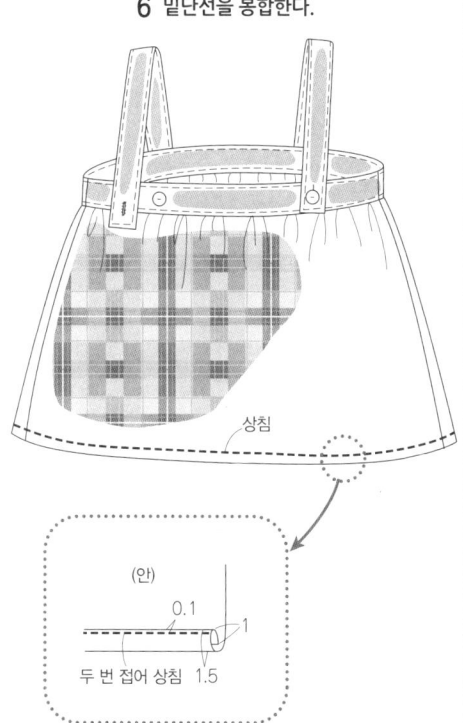

1의 만드는 방법

1 주머니를 만들어 단다.

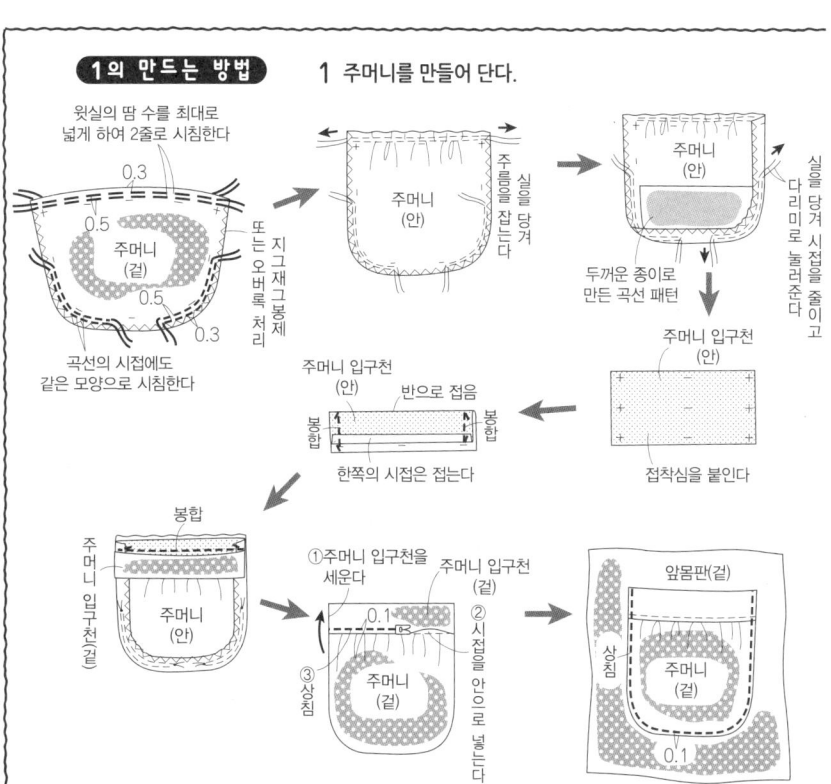

8 페이지 6

기모 울

6의 재료(기본)		S	M	L
겉감 (울 기모)	150cm 폭	140cm	140cm	150cm
접착심	90cm 폭		30cm	
바이어스테이프(양면)	1.27cm 폭		120cm	

· 접착심은 앞안단·뒤안단의 안쪽 면에 붙입니다.

패턴에 대해서

◆패턴 … B면6을 사용합니다.

* 사용 패턴 … 앞몸판·뒷몸판·앞안단·뒤안단
앞스커트·뒷스커트

6의 제도

□ = 6의 패턴

3단의 숫자는 위에서부터
S 사이즈
M 사이즈
L 사이즈
단독 표기된 숫자는 공통

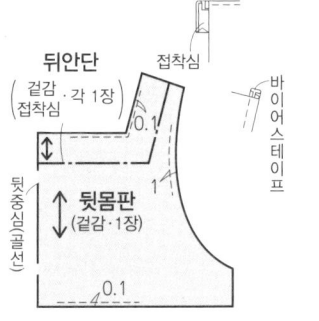

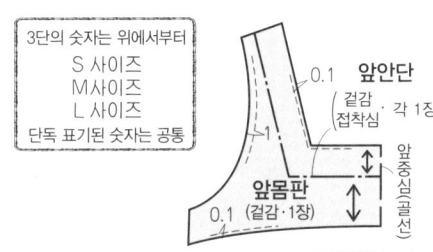

6의 봉합 순서

1 어깨선을 봉합한다.
2 안단의 어깨선을 봉합한다.
3 몸판과 안단을 봉합한다.
4 소매둘레를 바이어스테이프로 마무리한다.
5 옆선을 봉합한다.
6 스커트의 옆선을 봉합한다.
7 밑단선을 봉합한다.
8 주름을 잡는다.
9 몸판과 스커트를 봉합한다.

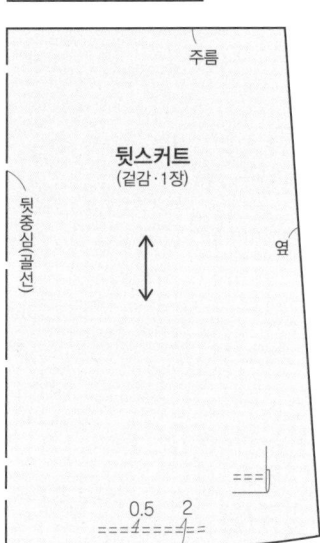

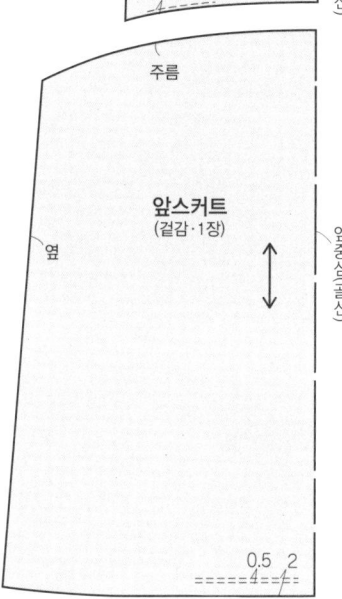

6 완성

※ 자세한 만드는 방법은 10~11페이지 No.7을 참고합니다.
뒷몸판에 트임은 만들지 않습니다.

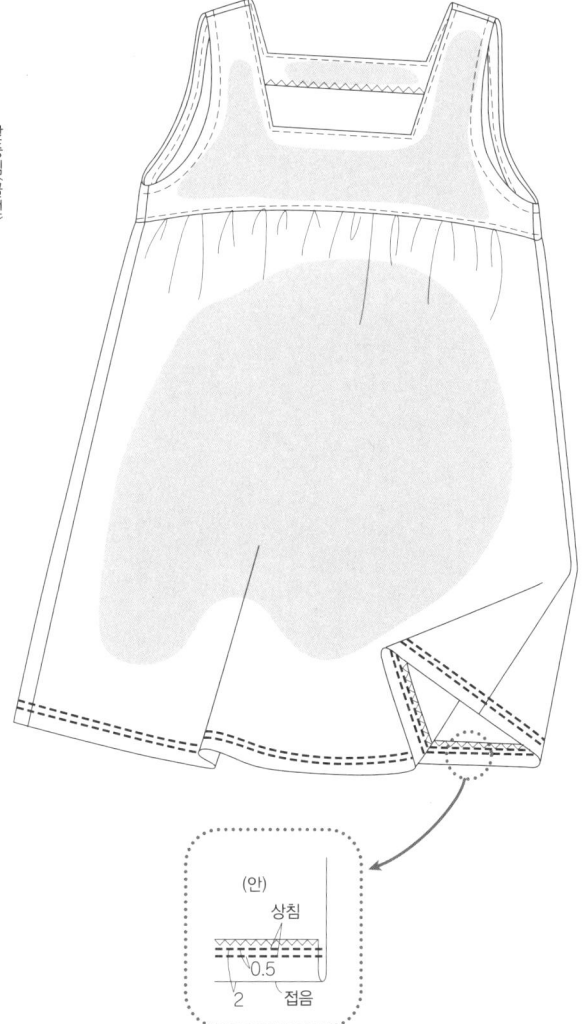

6 겉감 재단배치도

▦ = 접착심 붙이는 위치

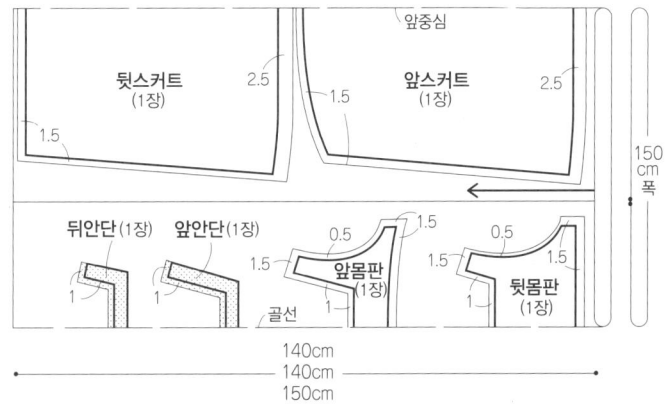

14 페이지 **10**

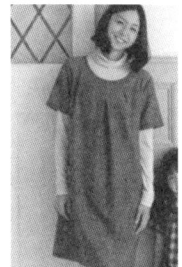

기모 울

10의 재료(기본)

		S	M	L
겉감(울 거즈)	135cm폭	190cm	200cm	210cm
접착심	10cm폭		15cm	
단추	지름 1cm		1개	
둥근고무줄	굵기 1mm		4cm	

· 접착심은 뒤안단의 안쪽 면에 붙입니다.

패턴에 대해서

◆패턴…B면 10을 사용합니다.
* 사용 패턴 … 앞몸판·뒷몸판·소매·주머니·뒤안단
* 바이어스천은 원단에 직접 그려서 재단합니다.

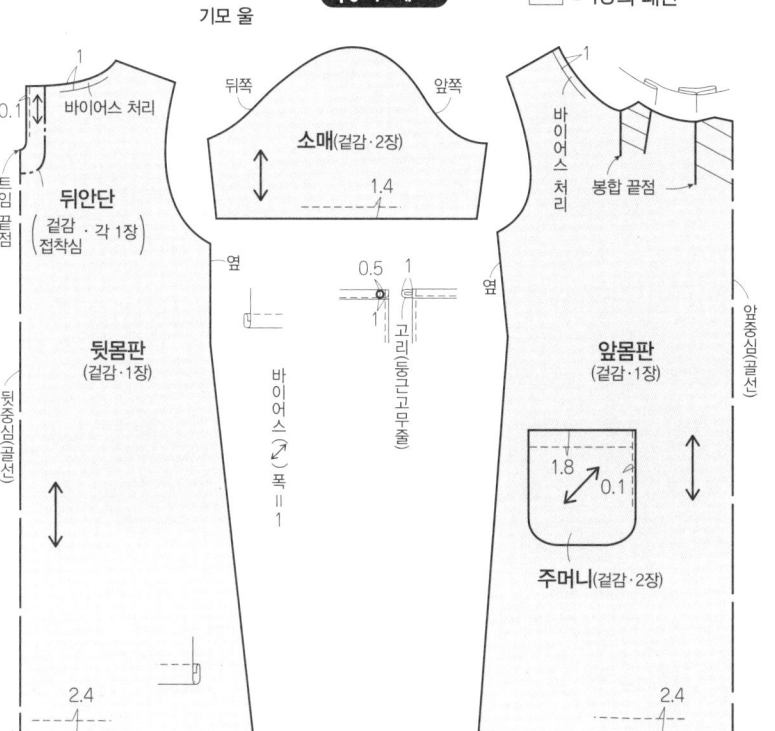

10 겉감 재단배치도

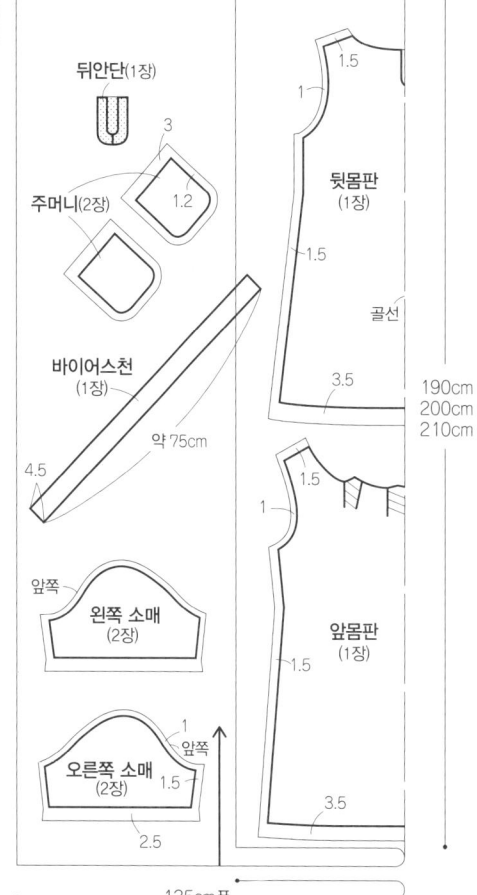

· 바이어스천은 길게 준비하고, 길이에 맞춰 나머지를 잘라냅니다.
· 바이어스천의 재단폭 = 완성폭×4+0.5=4.5

3단의 숫자는 위에서부터
S 사이즈
M 사이즈
L 사이즈
단독 표기된 숫자는 공통

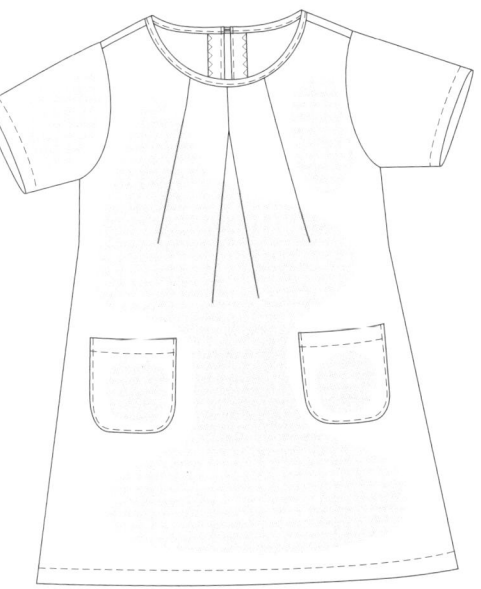

10 완성

※ 자세한 만드는 방법은 16~17페이지 No.11을 참고합니다.

10의 봉합 순서

1 주머니를 만들어 단다. (62페이지 참고)
2 앞몸판의 턱을 봉합한다.
3 뒷몸판에 가윗집 트임을 만든다.
4 어깨선을 봉합한다.
5 고리를 끼우고, 목둘레를 바이어스천으로 마무리한다.
6 소매를 단다.
7 소매 끝부터 옆선을 이어서 봉합한다.
8 밑단선을 봉합한다.
9 소맷부리를 봉합한다.

12페이지 **8**

8의 재료(6을 응용)		S	M	L
겉감(코듀로이 프린트)	108cm폭	210cm	210cm	230cm

· 겉감은 털의 결이 있기 때문에, 한쪽 방향으로 재단합니다.

패턴에 대해서

◆ 패턴…B면 6을 변형해서 사용합니다.

* 사용 패턴 … 앞몸판·뒷몸판·앞스커트·뒷스커트
* 앞안단과 뒤안단의 패턴은 사용하지 않습니다.
* 바이어스천과 바이어스테이프는 원단에 직접 그려서 재단합니다.
* 몸판은 목둘레를 좁게 줄이고 U넥으로 수정합니다. 앞몸판은 골선으로 재단하지 않고, 트임 끝점을 표시합니다.

8의 봉합 순서

1. 앞중심선을 봉합한다.
2. 트임을 만든다.
3. 어깨선을 봉합한다.
4. 목둘레를 바이어스천으로 마무리하고, 묶는 끈을 만든다.
5. 소매둘레를 바이어스테이프로 마무리한다. (10페이지 참고)
6. 옆선을 봉합한다.
7. 스커트의 옆선을 봉합한다.
8. 밑단선을 봉합한다.
9. 주름을 잡는다.
10. 몸판과 스커트를 봉합한다.

잔꽃나염

8의 제도

□ = 6의 패턴

3단의 숫자는 위에서부터
S 사이즈
M 사이즈
L 사이즈
단독 표기된 숫자는 공통

8겉감의 재단배치도

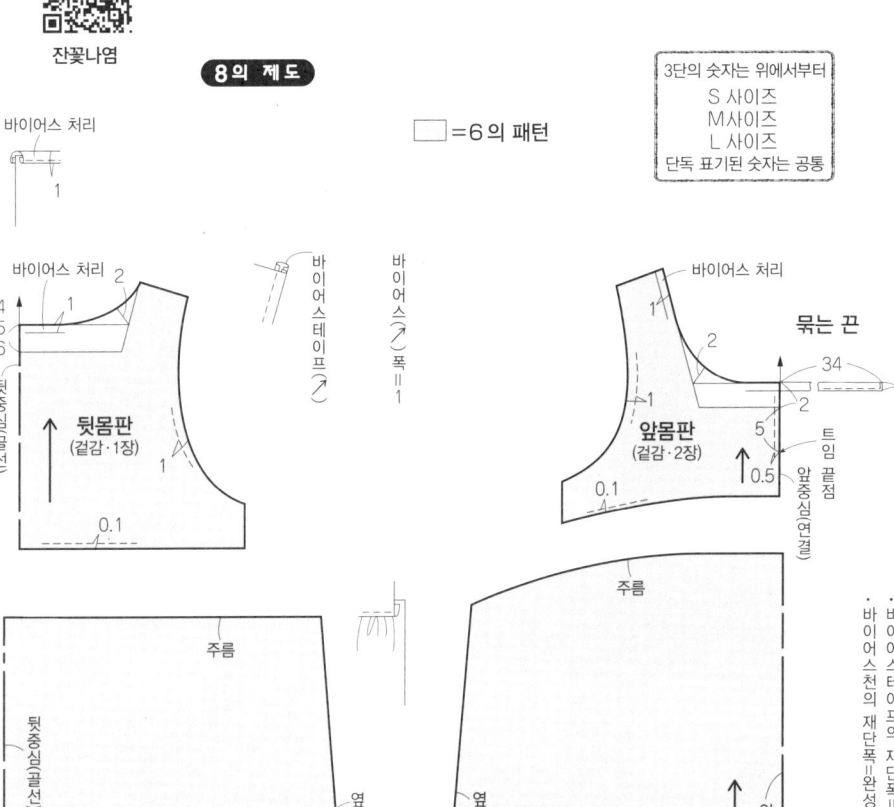

 **8의 만드는 방법** ※ 자세한 만드는 방법은 10~11페이지 No.7을 참고합니다.
뒷몸판에 트임은 만들지 않습니다.

1 앞중심선을 봉합한다.

2 트임을 만든다.
3 어깨선을 봉합한다.

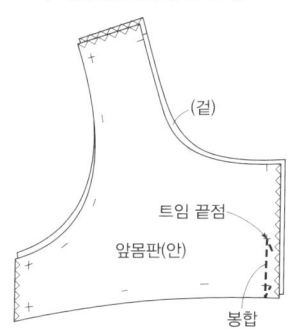

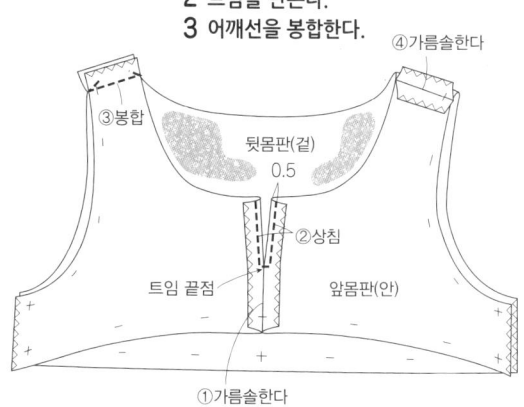

4 목둘레를 바이어스천으로 마무리하고, 묶는 끈을 만든다.

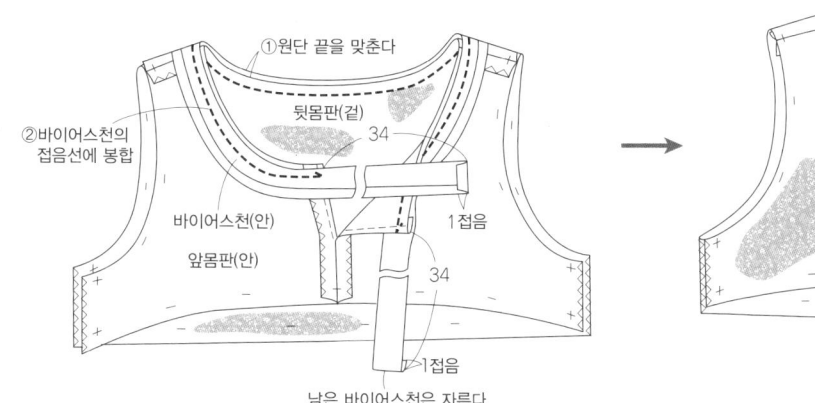

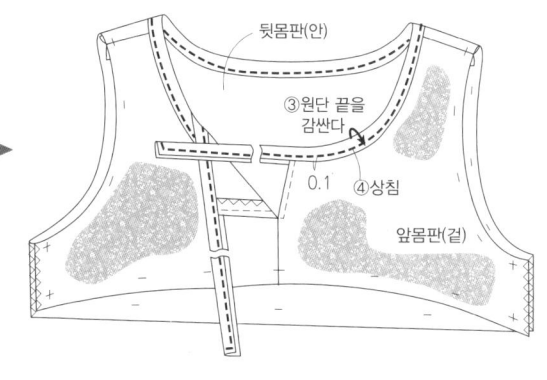

바이어스천 만드는 방법

·연결하는 방법·

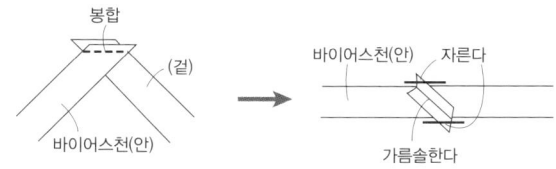

·접는 방법·

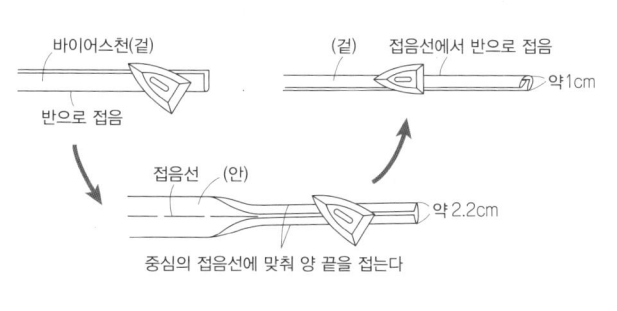

8 완성

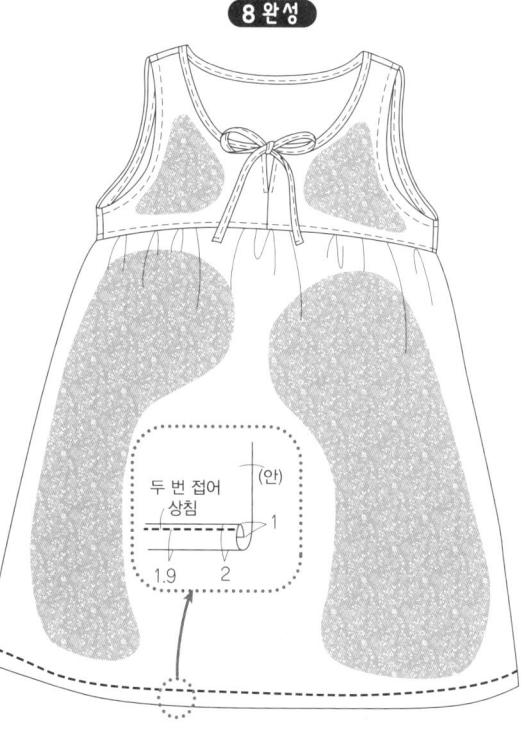

12 페이지 9

잔꽃나염

9의 재료 (7을 응용)		90cm	100cm	110cm	120cm
겉감 (코듀로이 프린트)	108cm폭	130cm	140cm	160cm	170cm

· 겉감은 털의 결을 한쪽 방향으로 재단합니다.

패턴에 대해서

◆ 패턴…소매는 A면 9를 사용합니다. 그 외는 A면 7을 변형해서 사용합니다.

* 사용 패턴 … No.7 : 앞몸판·뒷몸판·앞·뒷스커트   No.9 : 소매
* 앞안단·뒤안단의 패턴은 사용하지 않습니다.
* 바이어스천과 바이어스테이프는 원단에 직접 그려서 재단합니다.
* 몸판은 목둘레를 U넥으로 수정합니다.
  앞몸판은 골선으로 재단하지 않고, 트임 끝점을 만듭니다.

9의 겉감 재단배치도

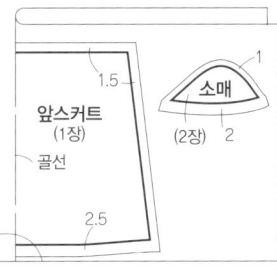

4단의 숫자는 위에서부터
90cm
100cm
110cm
120cm
단독 표기된 숫자는 공통

☐ = 7의 패턴
▨ = 9의 패턴

9의 제도

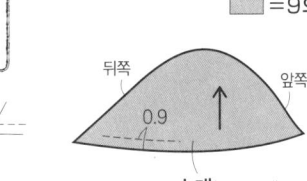

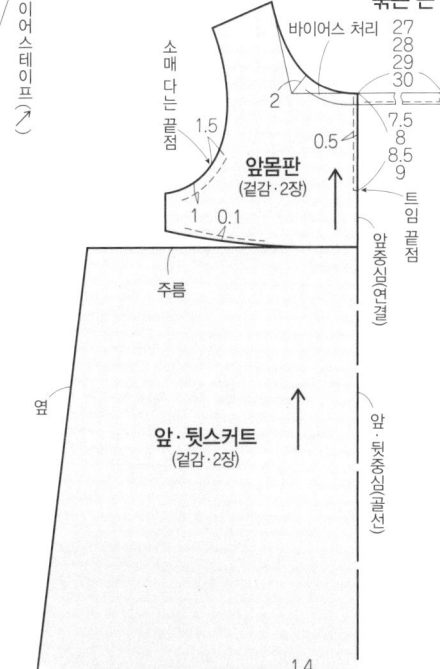

9의 봉합 순서

1. 어깨선을 봉합한다.
2. 소매를 만든다.
3. 소매를 단다.
4. 앞중심선을 봉합한다.
5. 트임을 만든다.
6. 옆선을 봉합한다.
7. 소매둘레의 아래쪽을 바이어스 테이프로 마무리한다.
8. 목둘레를 바이어스천으로 마무리하고 묶는 끈을 만든다.
9. 스커트의 옆선을 봉합한다.
10. 밑단선을 봉합한다.
11. 주름을 잡는다.
12. 몸판과 스커트를 봉합한다.

바이어스테이프 만드는 방법

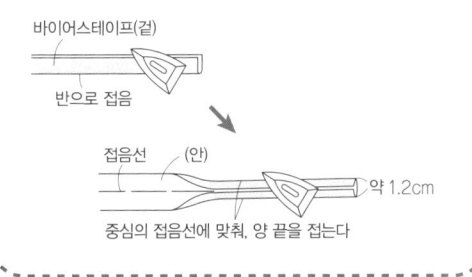

9의 만드는 방법
※ 자세한 만드는 방법은 10~11페이지 No.7과 57페이지 No.8을 참고합니다.

1 어깨선을 봉합한다.

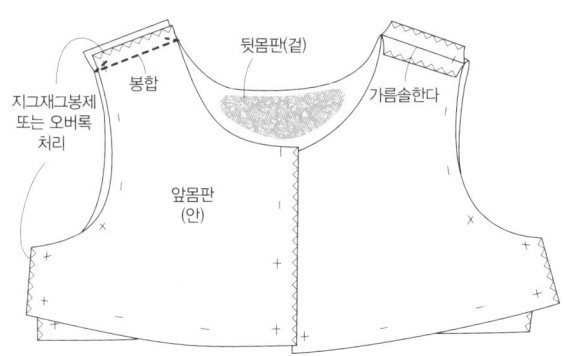

2 소매를 만든다.

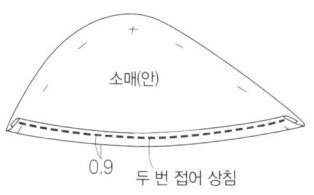

4 앞중심선을 봉합한다.
5 트임을 만든다.
6 옆선을 봉합한다.

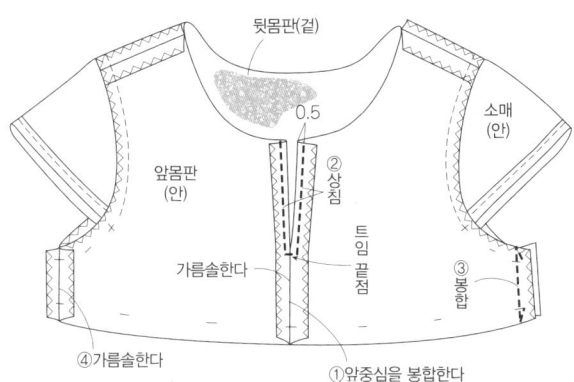

3 소매를 단다.

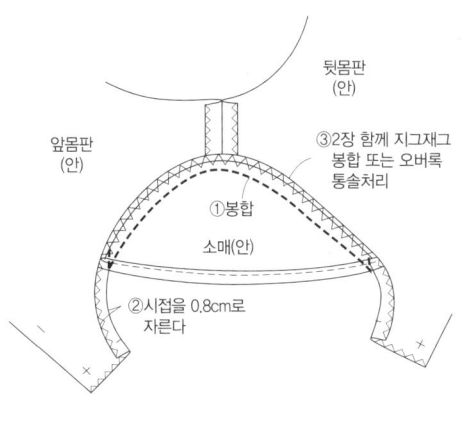

7 소매둘레의 아래쪽을 바이어스테이프로 마무리한다.

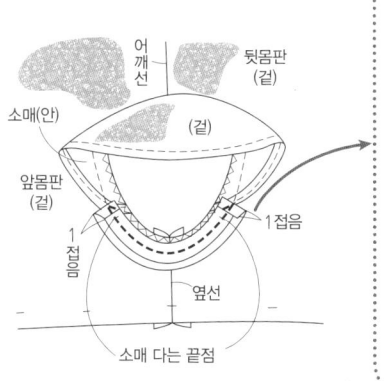

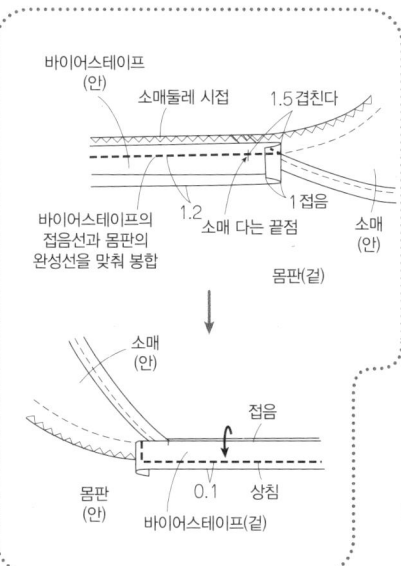

9 완성

18 페이지 12

패턴에 대해서

◆패턴…B면10을 변형해서 사용합니다.

* 사용 패턴 … 앞몸판·뒷몸판·소매·주머니·뒤안단
* 바이어스천은 원단에 직접 그려서 재단합니다.
* 앞몸판·뒷몸판은 길이를 길게 수정합니다. 소매길이를 길게 하고, 소맷부리를 넓게 수정합니다.

12의 재료 (10을 응용)

		S	M	L
겉감(울 프린트)	110cm폭	290cm	290cm	310cm
접착심	10cm폭		15cm	
단추	지름 1cm		1개	
둥근고무줄	굵기 1mm		4cm	
코튼 토션 레이스	2cm폭	180cm	185cm	190cm
고무줄	9mm폭	46cm	48cm	50cm

· 접착심은 뒤안단의 안쪽 면에 붙입니다.

잔꽃나염

□ = 10의 패턴

※ 만드는 방법은 62페이지에 있습니다.

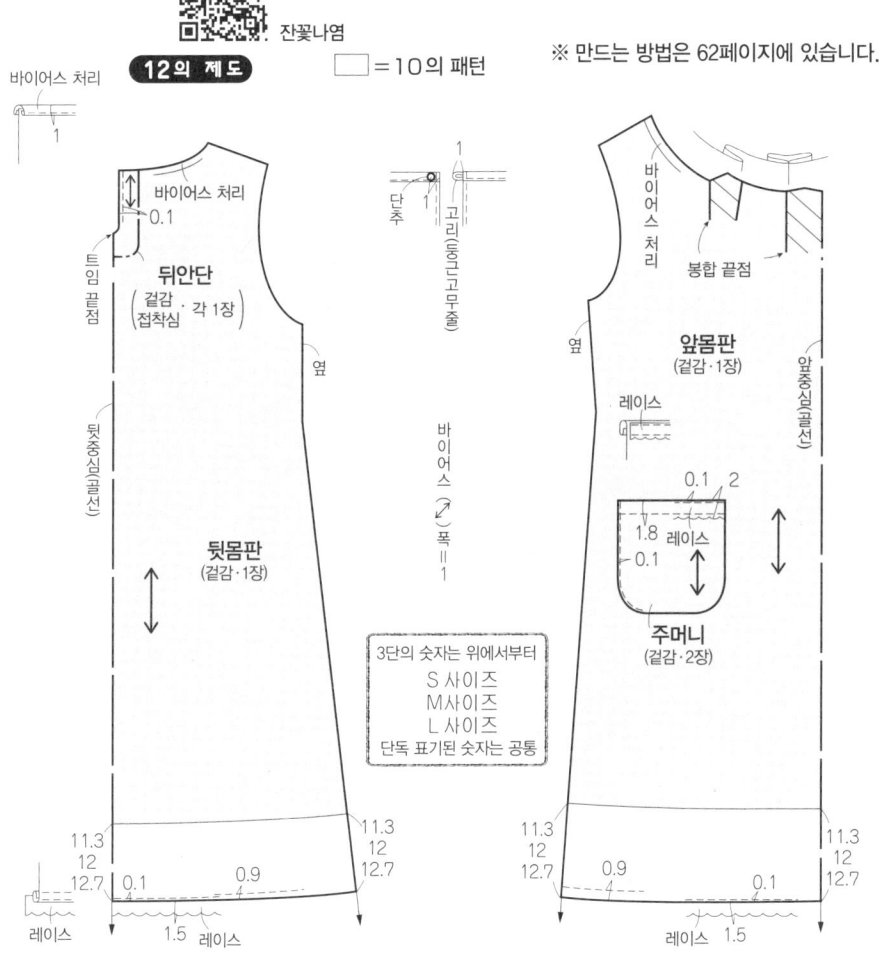
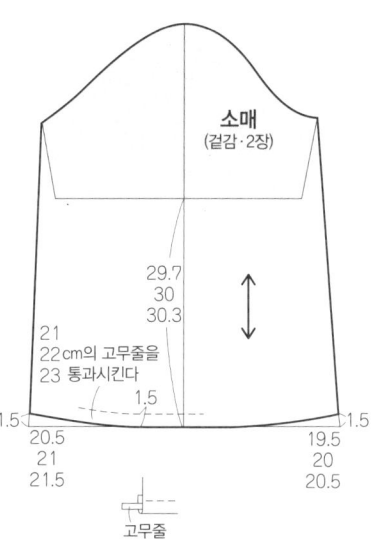

12의 봉합 순서

1. 주머니를 만들어 단다.
2. 앞몸판의 턱을 봉합한다.
3. 뒷몸판에 가윗집 트임을 만든다.
4. 어깨선을 봉합한다.
5. 고리를 끼우고, 목둘레를 바이어스천으로 마무리한다.
6. 소매를 단다.
7. 소매 끝부터 옆선을 이어서 봉합한다.
8. 소맷부리에 고무줄을 통과시킨다.
9. 밑단선을 봉합하고, 레이스를 단다.

· 바이어스천은 길게 준비하고, 길이에 맞춰 나머지를 잘라냅니다.
· 바이어스천의 재단폭=완성폭×4+0.5=4.5

18 페이지 **13**

13의 재료(11을 응용)		90cm	100cm	110cm	120cm
겉감(울 프린트)	110cm폭	170cm	180cm	210cm	240cm
접착심	10cm폭		15cm		
단추	지름 1cm		1개		
둥근고무줄	굵기 1mm		4cm		
코튼 토션 레이스	2cm폭	140cm	145cm	155cm	160cm
고무줄	9mm폭	30cm	32cm	34cm	36cm

· 접착심은 뒤안단의 안쪽 면에 붙입니다.

패턴에 대해서

◆ 패턴…B면 11을 변형해서 사용합니다.
* 사용 패턴 … 뒷몸판·앞몸판·소매·뒤안단·주머니
* 바이어스천은 원단에 직접 그려서 재단합니다.
* 앞몸판·뒷몸판은 길이를 길게 수정합니다.
  소매길이를 길게 하고, 소맷부리를 넓게 수정합니다.

 잔꽃나염

13의 제도
□ = 11의 패턴   ※ 만드는 방법은 62페이지에 있습니다.

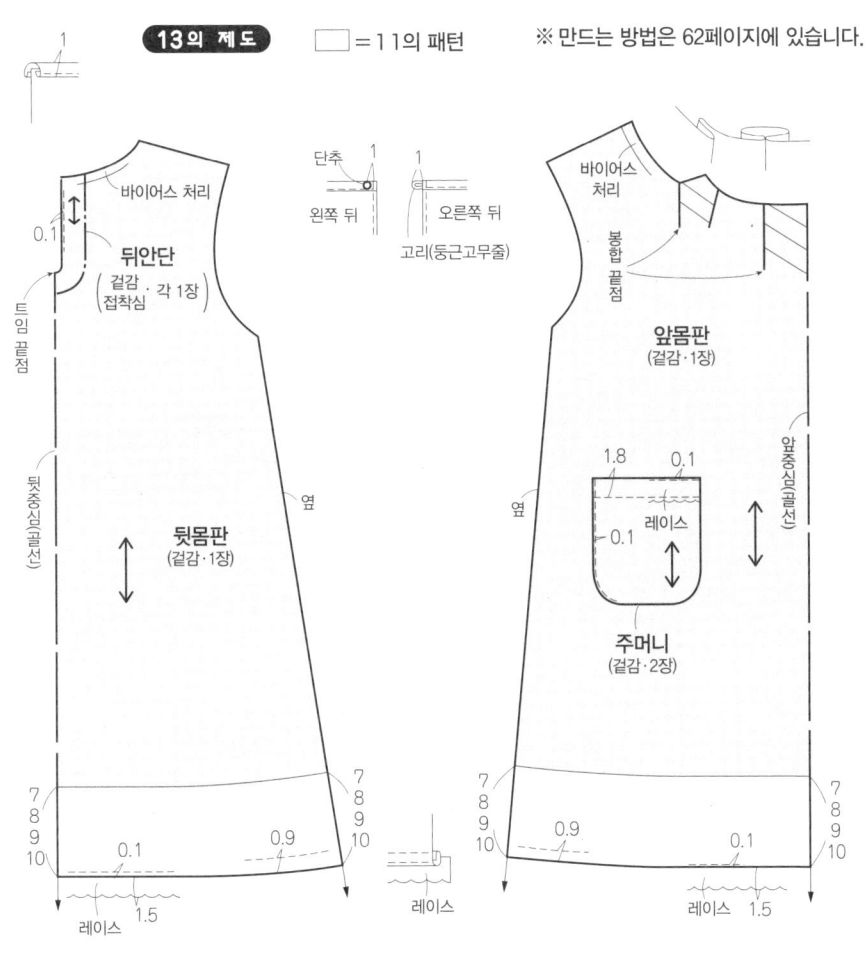

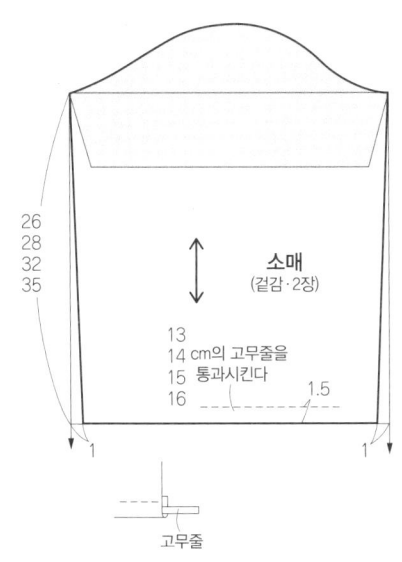

13의 봉합 순서

1. 주머니를 만들어 단다.
2. 앞몸판의 턱을 봉합한다.
3. 뒷몸판에 가윗집 트임을 만든다.
4. 어깨선을 봉합한다.
5. 고리를 끼우고, 목둘레를 바이어스 천으로 마무리한다.
6. 소매를 단다.
7. 소매 끝부터 옆선을 이어서 봉합한다.
8. 소맷부리에 고무줄을 통과시킨다.
9. 밑단선을 봉합하고, 레이스를 단다

13 겉감 재단배치도

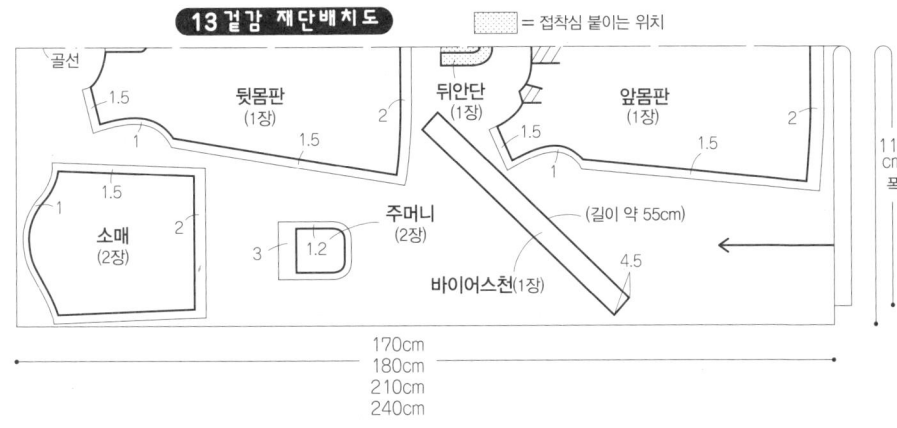

4단의 숫자는 위에서부터
90cm
100cm
110cm
120cm
단독 표기된 숫자는 공통

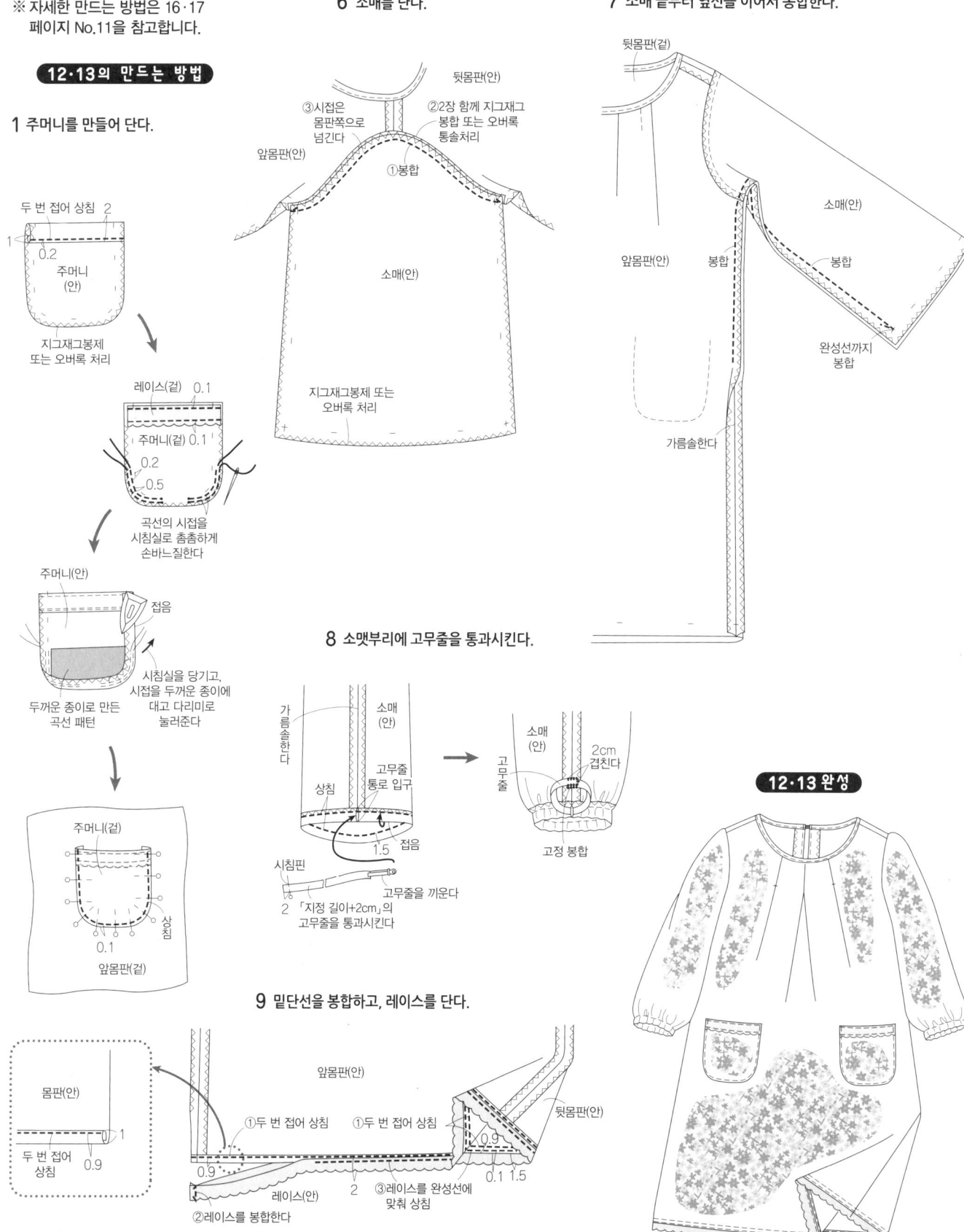

20 페이지 15

잔꽃나염

패턴에 대해서
◆패턴…B면 15를 사용합니다.
* 사용 패턴 … 앞몸판·뒷몸판·소매

15의 재료(기본)		90cm	100cm	110cm	120cm
겉감(더블거즈 프린트)	110cm폭	90cm	90cm	110cm	120cm
고무줄	9mm폭	122.5cm	130cm	137cm	144cm
바이어스테이프(양면)	1.8cm폭	165cm	175cm	185cm	195cm

15의 제도

□ = 15의 패턴

4단의 숫자는 위에서부터
90cm
100cm
110cm
120cm
단독 표기된 숫자는 공통

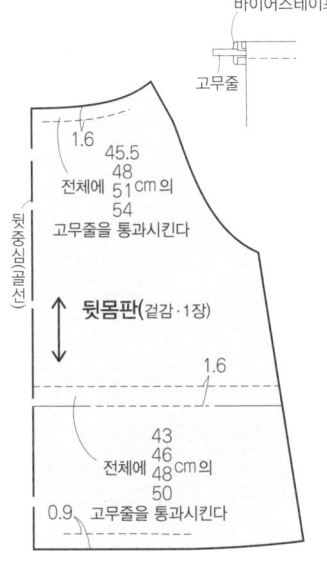
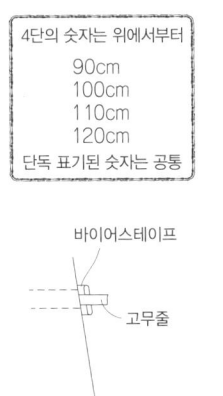
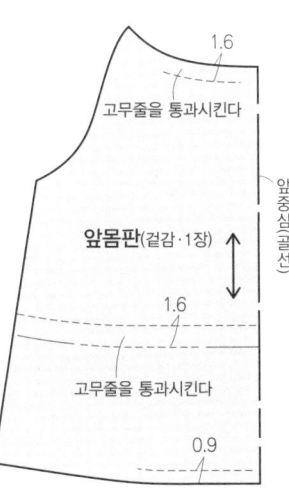
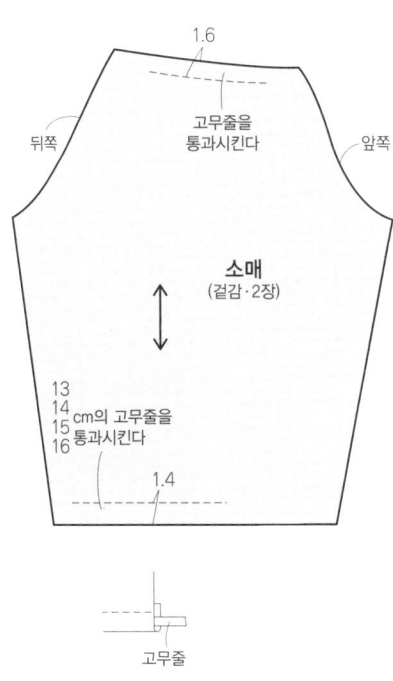

15 겉감 재단배치도

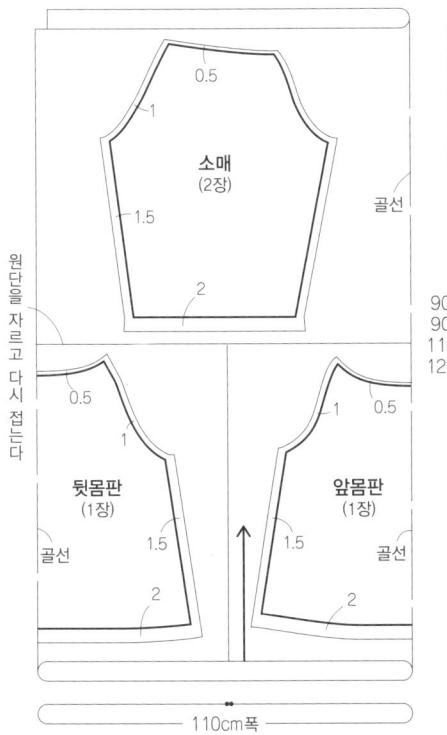

15 완성

※ 자세한 만드는 방법은 22·23페이지 No.14와 같습니다.

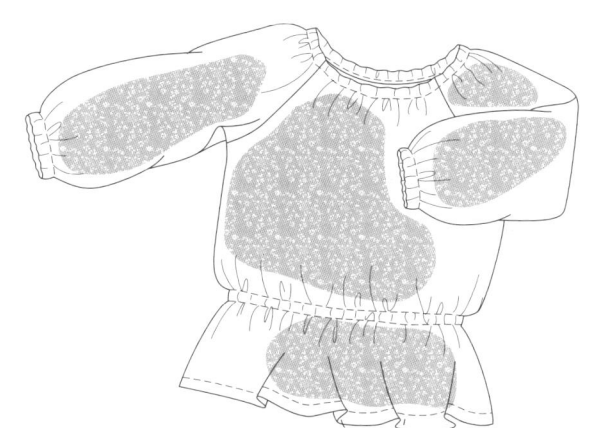

15의 봉합 순서
1 소매를 만들고, 소맷부리에 고무줄을 통과시킨다.
2 옆선을 봉합한다.
3 소매를 단다.
4 목둘레를 바이어스테이프로 마무리하고 고무줄을 통과시킨다.
5 밑단선을 봉합한다.
6 바이어스테이프를 몸판 안쪽에 달고 고무줄을 통과시킨다.

24 페이지 17

17의 재료(15를 응용)		90cm	100cm	110cm	120cm
겉감(코튼리넨 기모)	110cm폭	130cm	130cm	140cm	150cm
고무줄	9mm폭	47.5cm	50cm	53cm	56cm
바이어스테이프(양면)	1.8cm폭	80cm	85cm	90cm	95cm

패턴에 대해서

◆ 패턴…B면 5를 변형해서 사용합니다.

* 사용 패턴…앞몸판·뒷몸판·소매
* 프릴A·B는 원단에 직접 그려서 재단합니다.
* 앞몸판·뒷몸판은 길이를 짧게 수정합니다. 소매길이를 짧게 수정하고, 소맷부리를 좁게 수정합니다.

기모 깅검 체크원단

17의 제도

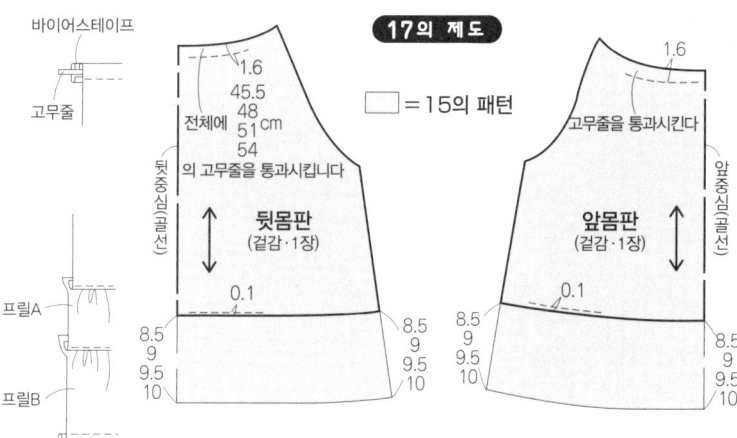

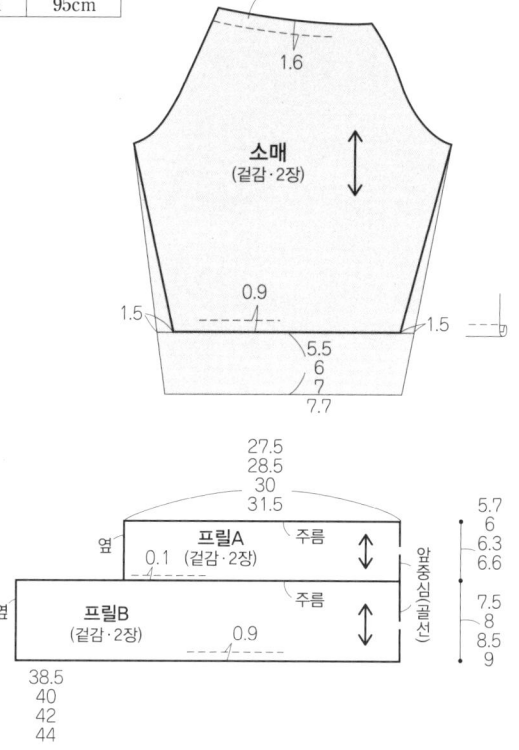

17 겉감 재단배치도

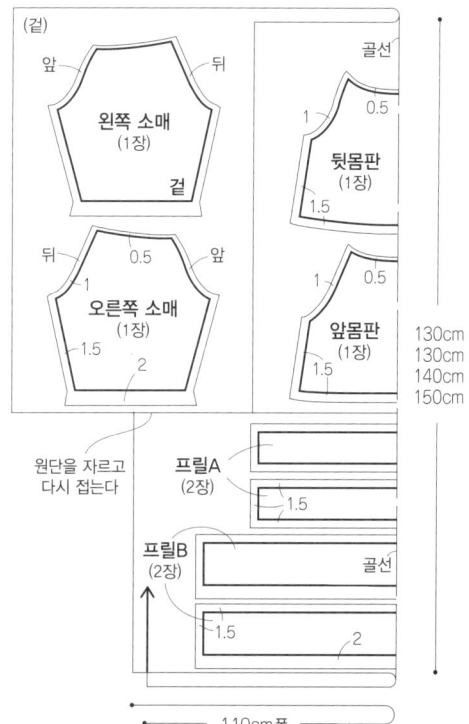

4단의 숫자는 위에서부터
90cm
100cm
110cm
120cm
단독 표기된 숫자는 공통

16·17의 만드는 방법

※ 자세한 만드는 방법은 22·23페이지를 참고합니다.

1 소매아래선과 소맷부리를 봉합한다.

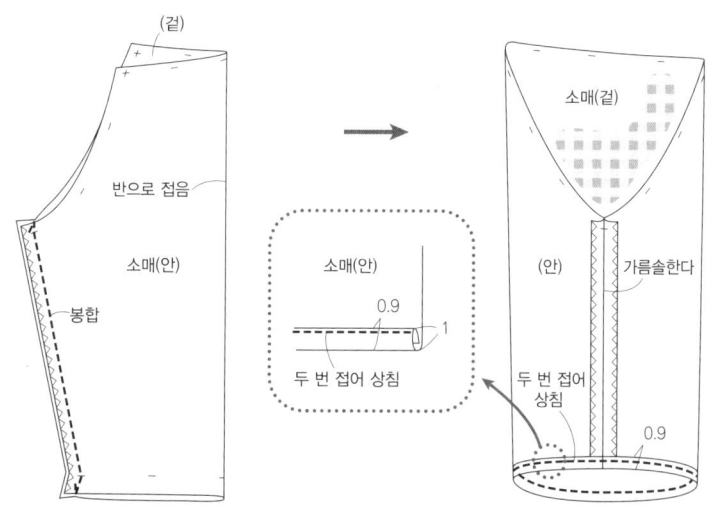

5 프릴A·B의 옆선을 봉합한다.

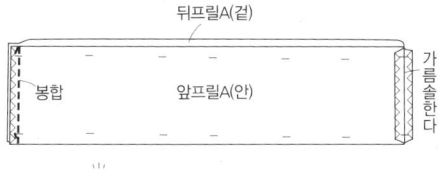

6 프릴B의 밑단선을 봉합한다.
7 프릴A·B에 주름을 잡는다.
(자세한 주름 잡는 방법은 72·73페이지 참고)

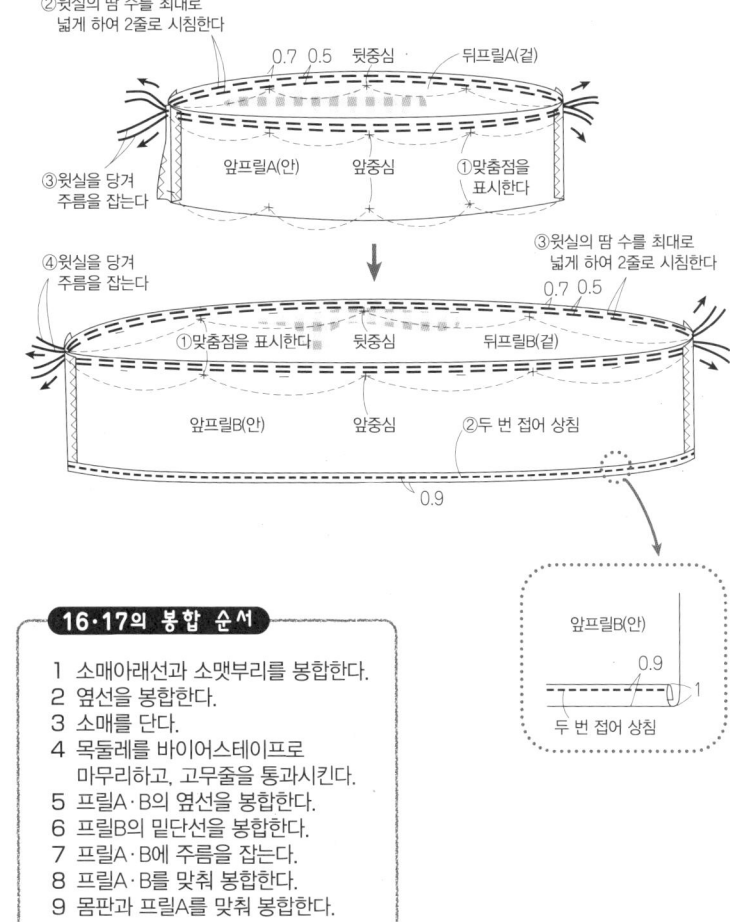

8 프릴A·B를 맞춰 봉합한다.

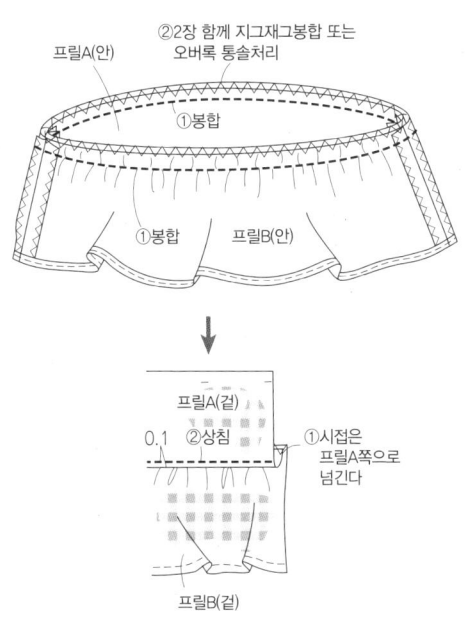

16·17의 봉합 순서

1 소매아래선과 소맷부리를 봉합한다.
2 옆선을 봉합한다.
3 소매를 단다.
4 목둘레를 바이어스테이프로 마무리하고, 고무줄을 통과시킨다.
5 프릴A·B의 옆선을 봉합한다.
6 프릴B의 밑단선을 봉합한다.
7 프릴A·B에 주름을 잡는다.
8 프릴A·B를 맞춰 봉합한다.
9 몸판과 프릴A를 맞춰 봉합한다.

9 몸판과 프릴A를 맞춰 봉합한다.

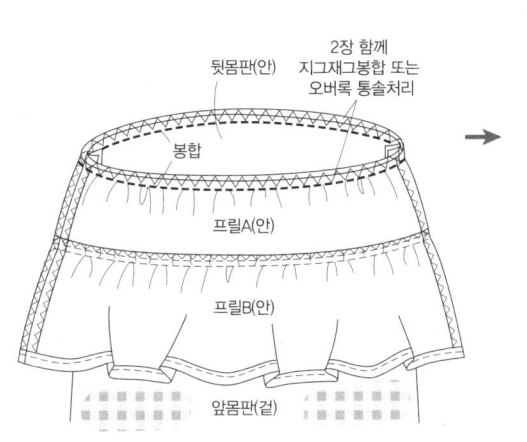

16·17 완성

24 페이지 16

16의 재료(14를 응용)		S	M	L
겉감(코튼리넨 기모)	110cm폭	200cm	200cm	210cm
고무줄	9mm폭	67cm	70cm	74cm
바이어스테이프(양면)	1.8cm폭	약120cm		

패턴에 대해서

◆패턴…A면 14를 변형해서 사용합니다.

* 사용 패턴 …앞몸판·뒷몸판·소매
* 프릴A·B는 원단에 직접 그려서 재단합니다.
* 앞·뒷몸판은 길이를 짧게 수정합니다. 소맷부리를 직선으로 수정하고, 소맷부리 폭을 좁게 수정합니다.

기모 깅검 체크원단

3단의 숫자는 위에서부터
S 사이즈
M 사이즈
L 사이즈
단독 표기된 숫자는 공통

16의 제도

※ 만드는 방법은 64·65페이지에 있습니다.

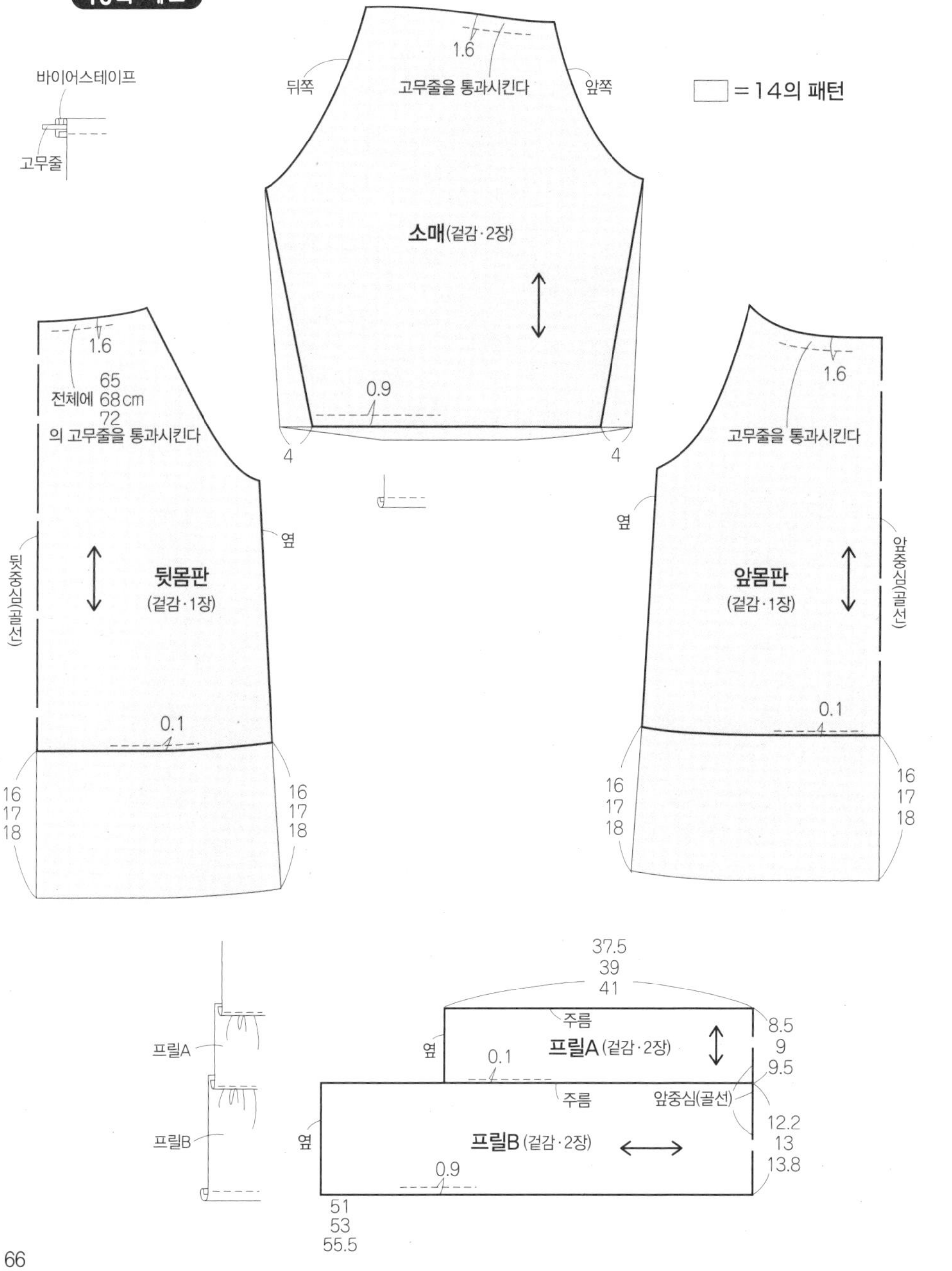

☐ = 14의 패턴

16겉감 재단배치도

(소매, 뒷몸판, 앞몸판, 프릴A, 프릴B 패턴 도면)

110cm폭 / 200cm · 200cm · 210cm

26 페이지 19

34 페이지 24

19·24의 재료(기본)		90cm	100cm	110cm	120cm
19 겉감(자카드 니트)	150cm폭	60cm	60cm	70cm	70cm
24 겉감(아문젠)	106cm폭	90cm	90cm	100cm	100cm
접착심	90cm폭	30cm			
단추	지름1cm	2개			
둥근고무줄	굵기1mm	8cm			

· 접착심은 겉·안의 앞요크·뒷요크의 안쪽 면에 붙입니다.

패턴에 대해서

◆ 패턴…A면 19·24를 사용합니다.

* 사용 패턴 … 앞몸판·뒷몸판·앞요크·뒷요크·소매

26페이지19 부드러운 기모니트

34페이지24 심플 단색면

19·24의 제도

☐ = 19·24의 패턴

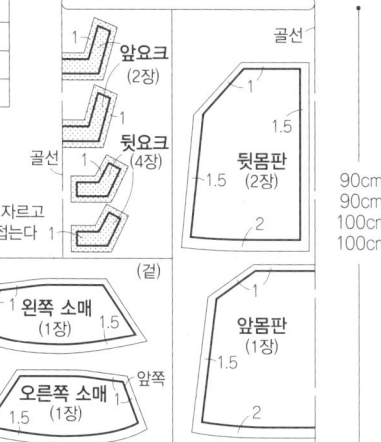

24 겉감 재단배치도

▓ = 접착심 붙이는 위치

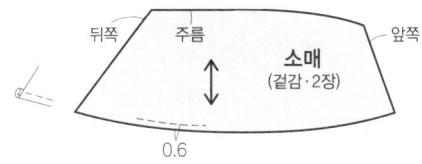

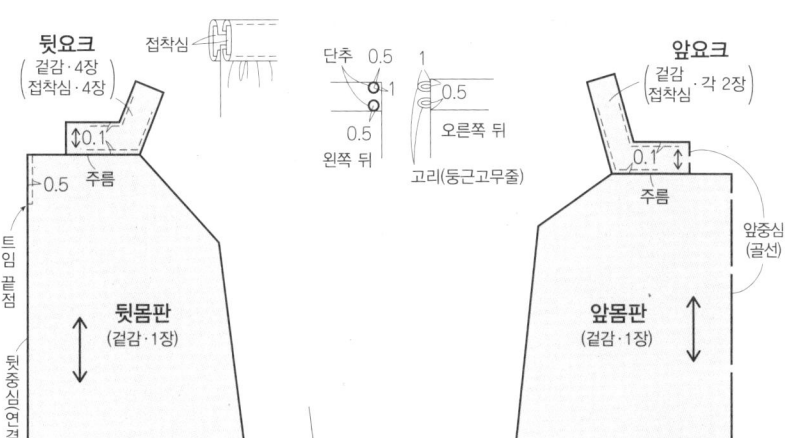

19 겉감 재단배치도

▓ = 접착심 붙이는 위치

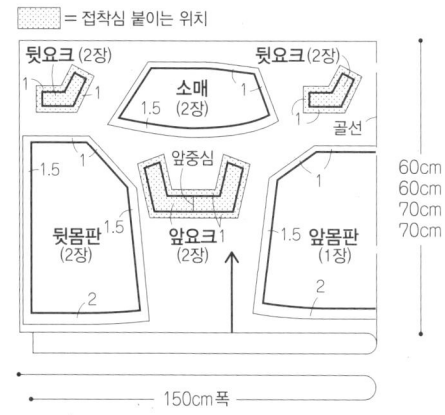

※ 자세한 만드는 방법은 28·29·69페이지를 참고합니다.

19·24의 봉합 순서

1. 요크의 어깨선을 봉합한다.(69페이지 참고)
2. 소맷부리를 봉합한다.(28페이지 참고)
3. 몸판에 소매를 단다.(28페이지 참고)
4. 옆선을 봉합한다.(69페이지 참고)
5. 뒷중심선을 봉합한다.(69페이지 참고)
6. 밑단선을 봉합한다.(29페이지 참고)
7. 몸판과 소매산에 주름을 잡는다.(29페이지 참고)
8. 겉요크를 단다.(69페이지 참고)
9. 겉요크·안요크를 겹쳐 목둘레를 봉합한다. 안요크를 고정 봉합한다.(69페이지 참고)
10. 단추를 단다.

4단의 숫자는 위에서부터
90cm
100cm
110cm
120cm
단독 표기된 숫자는 공통

19·24 완성

30 페이지 20

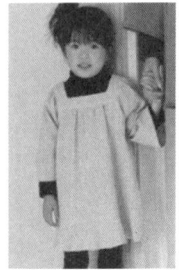

도트융원단

20의 재료(19·24를 응용)		90cm	100cm	110cm	120cm
겉감(자카드 니트)	112cm폭	120cm	120cm	140cm	150cm
접착심	90cm폭		30cm		
단추	지름 1cm		2개		
둥근고무줄	굵기 1mm		8cm		

· 접착심은 겉·안의 앞요크·뒷요크의 안쪽 면에 붙입니다.

패턴에 대해서

◆ 패턴… 프릴은 A면 20을 사용합니다. 그 외는 A면 19·24를 변형해서 사용합니다.

* 사용 패턴… No.19·24 : 앞몸판·뒷몸판·앞요크·뒷요크·소매
  No.20 : 앞프릴·뒤프릴
* 소매길이를 길게 수정합니다.

20의 봉합 순서

1. 소매아래선과 소맷부리를 봉합한다.
2. 옆선과 뒷중심선을 봉합한다.
3. 트임 부분을 봉합한다.
4. 몸판에 소매를 단다.
5. 몸판과 소매산에 주름을 잡는다. (29페이지 참고)
6. 요크의 어깨선을 봉합한다.
7. 겉요크를 단다.
8. 겉·안요크를 겹쳐, 목둘레를 봉합한다. 안요크를 고정 봉합한다.
9. 프릴의 옆선과 밑단선을 봉합한다.
10. 몸판과 프릴을 맞춰 봉합한다.
11. 단추를 단다.

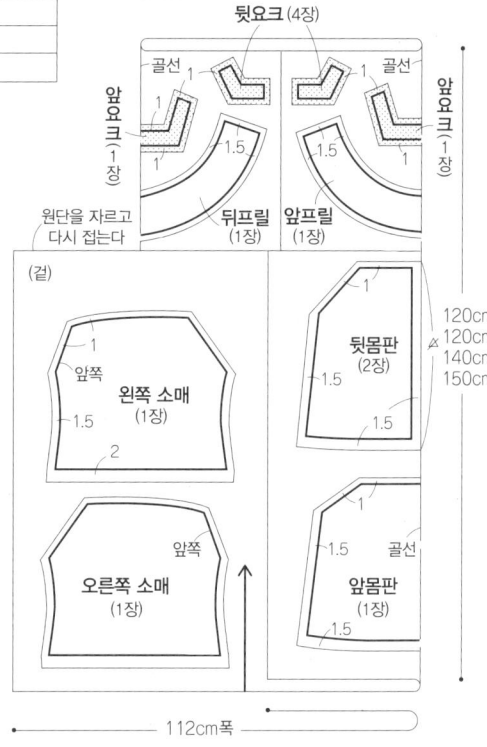

20겉감 재단배치도

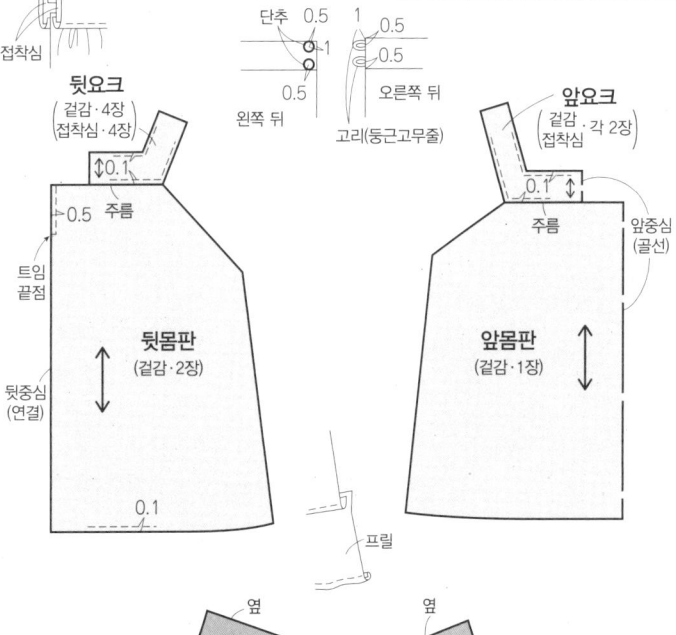

20의 제도

4단의 숫자는 위에서부터
90cm
100cm
110cm
120cm
단독 표기된 숫자는 공통

20의 만드는 방법

※ 자세한 만드는 방법은 29페이지를 참고합니다.

1 소매아래선과 소맷부리를 봉합한다.

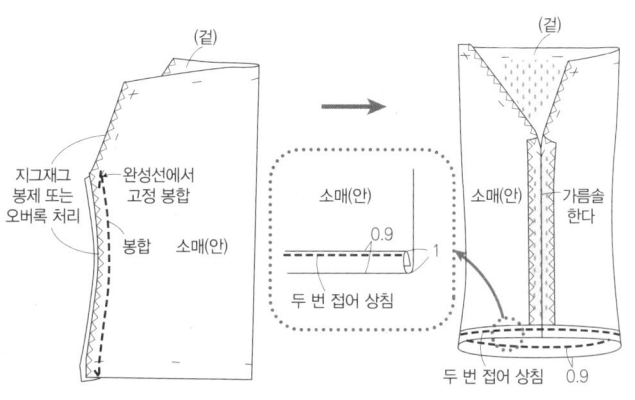

2 옆선과 뒷중심선을 봉합한다.

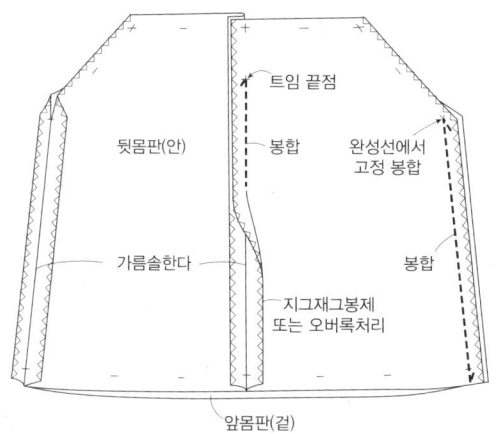

3 트임 부분을 봉합한다.
4 몸판에 소매를 단다.

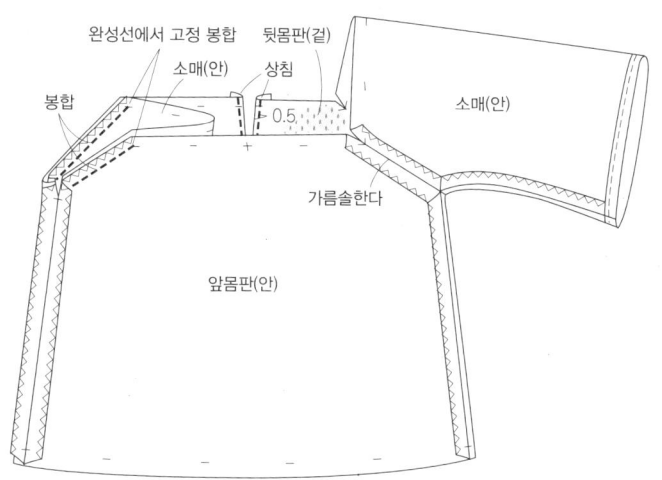

6 요크의 어깨선을 봉합한다.

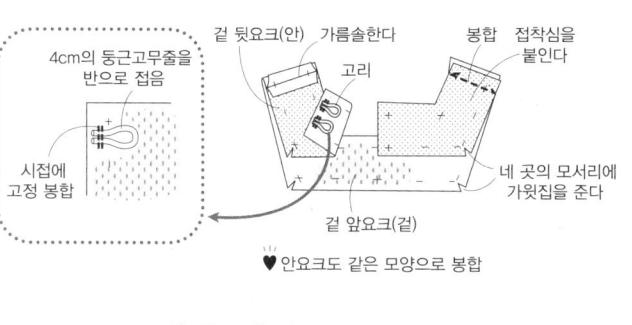

7 겉요크를 단다.

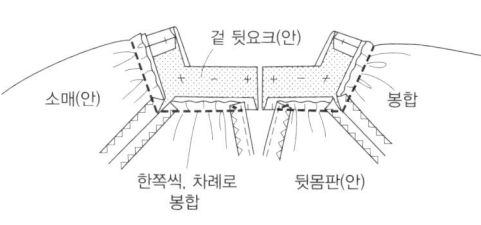

8 겉·안요크를 겹쳐 목둘레를 봉합한다.
안요크를 고정 봉합한다.

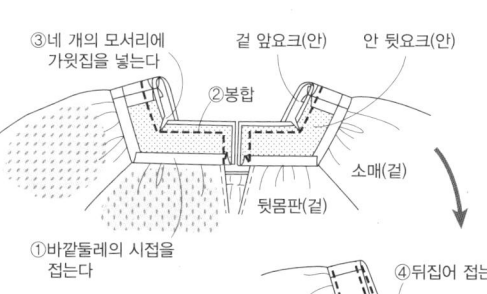

9 프릴의 옆선과 밑단선을 봉합한다.
10 몸판과 프릴을 맞춰 봉합한다.

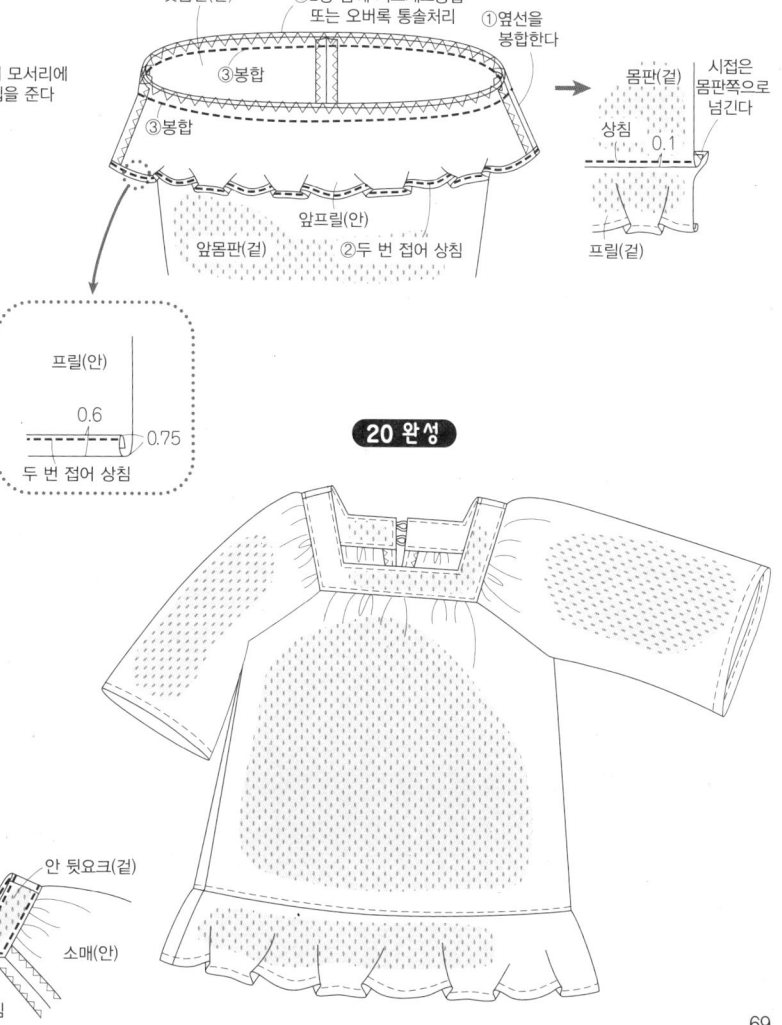

20 완성

30 페이지 21

21의 재료(18·26을 응용)		S	M	L
겉감(자카드 니트)	112cm폭	230cm	240cm	250cm
접착심	90cm폭	40cm	40cm	50cm

· 접착심은 겉·안의 앞요크·뒷요크의 안쪽 면에 붙입니다.

패턴에 대해서

◆ 패턴 … B면 18·26을 변형해서 사용합니다.

* 사용 패턴 … 앞몸판·뒷몸판·앞요크·뒷요크·소매
* 몸판은 길이를 길게 수정하고, 소매는 소매길이를 길게 수정합니다.

도트융원단

21의 봉합방법 순서

1. 요크의 어깨선을 봉합한다.
2. 소매아래선과 소맷부리를 봉합한다. (68페이지 참고)
3. 옆선을 봉합한다. (69페이지 참고)
4. 소매를 단다. (69페이지 참고)
5. 밑단선을 봉합한다.
6. 몸판과 소매산에 주름을 잡는다.
7. 겉요크를 단다.
8. 겉요크·안요크를 겹쳐 목둘레를 봉합하고, 안요크를 고정 봉합한다.

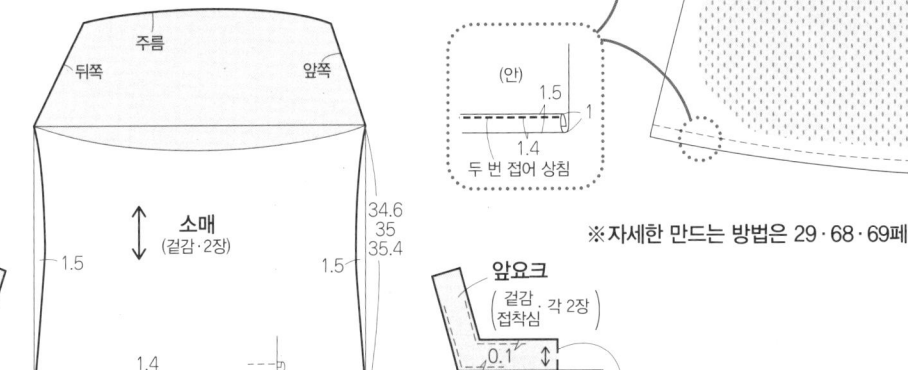

※ 자세한 만드는 방법은 29·68·69페이지를 참고합니다.

21의 겉감 재단배치도

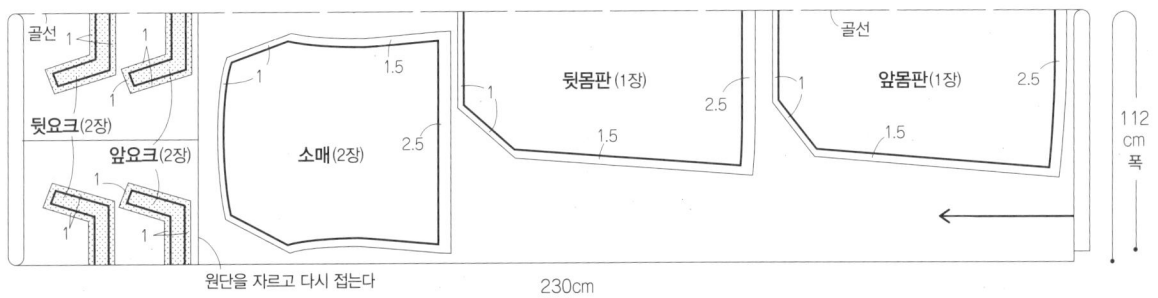

32 페이지 **22**

22의 재료(기본)		S	M	L
겉감(기모 코튼)	110cm폭	140cm	150cm	160cm
토션 레이스	2cm폭	95cm	100cm	110cm
고무줄	9mm폭	120cm	128cm	144cm

패턴에 대해서
◆ 패턴은 들어있지 않습니다.
* 앞·뒤 상단스커트, 앞·뒤 하단스커트는 원단에 직접 그려서 재단합니다.

22의 봉합 순서
1. 상·하단스커트의 옆선을 각각 봉합한다.
2. 하단스커트의 밑단선을 봉합한다.
3. 각 단의 봉합할 위치를 등분하고 맞춤점을 표시한다. 하단스커트에 주름 봉합을 한다.
4. 하단스커트에 주름을 잡는다.
5. 상단스커트와 하단스커트를 맞춰 봉합한다.
6. 절개선에 레이스를 단다.
7. 허리선을 봉합하고, 고무줄을 통과 시킨다.

기모체크 원단

※자세한 만드는 방법은 72·73페이지에 있습니다.

22 겉감 재단배치도

3단의 숫자는 위에서부터
S 사이즈
M 사이즈
L 사이즈
단독 표기된 숫자는 공통

22의 제도

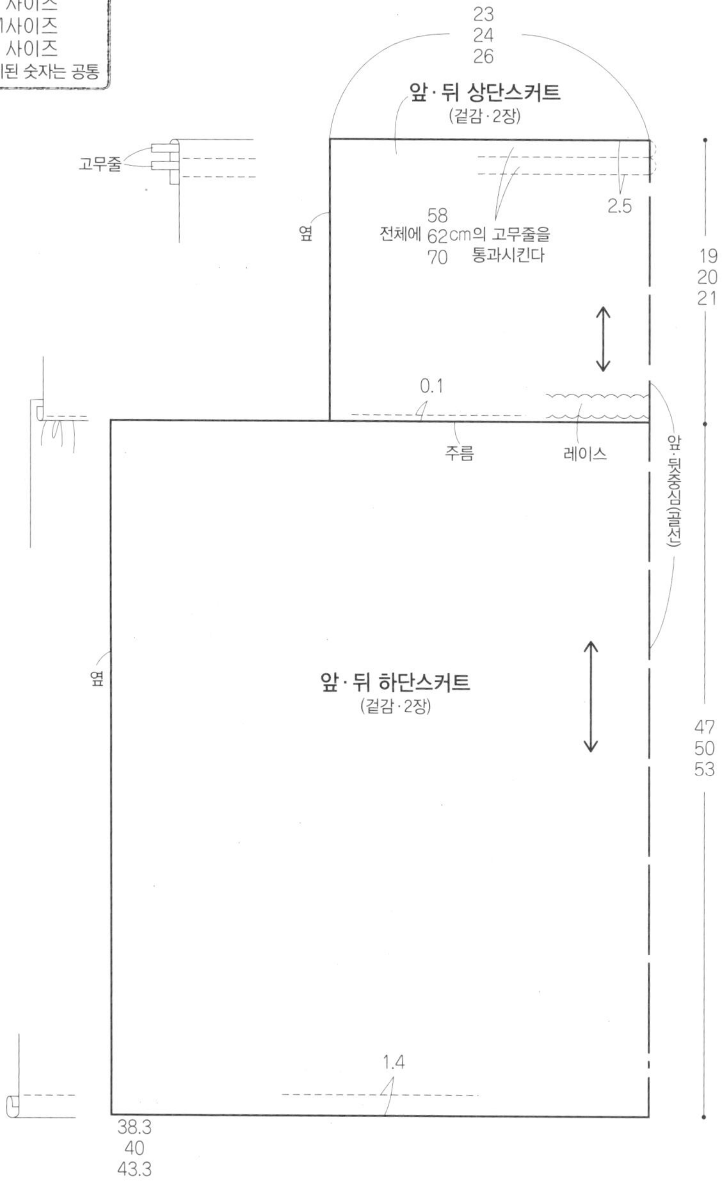

앞·뒤 상단스커트 (겉감·2장) — 23 / 24 / 26
전체에 58 / 62 / 70 cm의 고무줄을 통과시킨다
19 / 20 / 21
2.5
0.1
주름 레이스
앞·뒤 하단스커트 (겉감·2장)
47 / 50 / 53
1.4
38.3 / 40 / 43.3

뒤 상단스커트 (1장) — 3.5, 1.5, 골선
앞 상단스커트 (1장) — 3.5, 1.5
뒤 하단스커트 (1장) — 1.5, 2.5, 골선
앞 하단스커트 (1장) — 1.5, 2.5
140cm / 150cm / 160cm
원단을 자르고 다시 접는다
110cm폭

고무줄
옆
앞·뒷중심(골선)

32 페이지 23

23의 재료(기본)		90cm	100cm	110cm	120cm
겉감(기모 코튼)	110cm폭	80cm	80cm	90cm	100cm
토션 레이스	2.2cm폭	80cm	85cm	90cm	95cm
고무줄	9mm폭	86cm	92cm	96cm	100cm

패턴에 대해서

◆ 패턴은 들어있지 않습니다.

* 앞·뒤 상단스커트, 앞·뒤 하단스커트는 원단에 직접 그려서 재단합니다.

 기모체크 원단

4단의 숫자는 위에서부터
90cm
100cm
110cm
120cm
단독 표기된 숫자는 공통

23의 제도

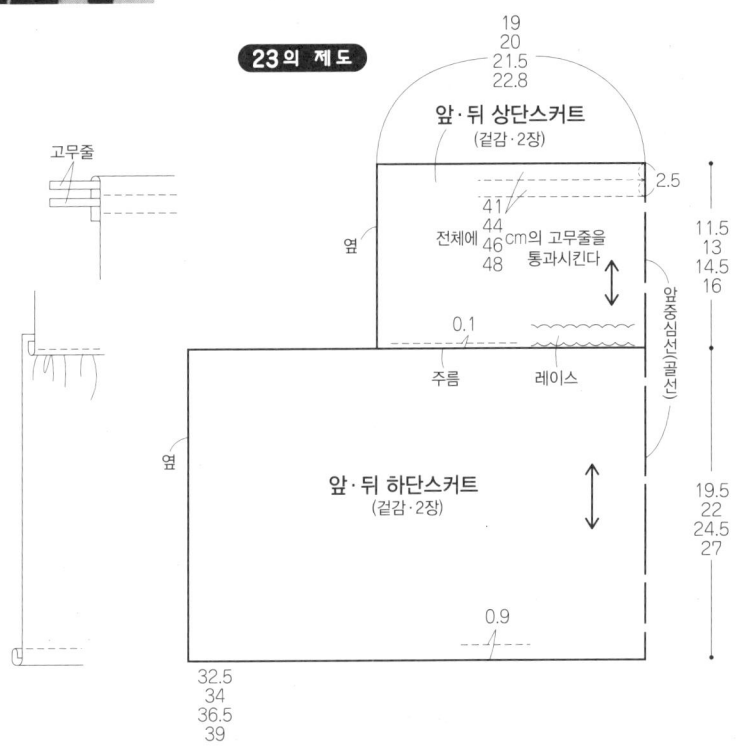

23 겉감 재단배치도

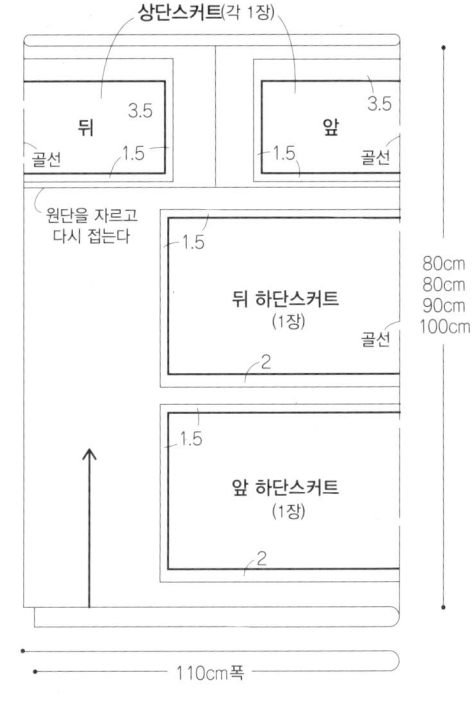

22·23의 만드는 방법

1. 상·하단스커트의 옆선을 각각 봉합한다.
2. 하단스커트의 밑단선을 봉합한다.

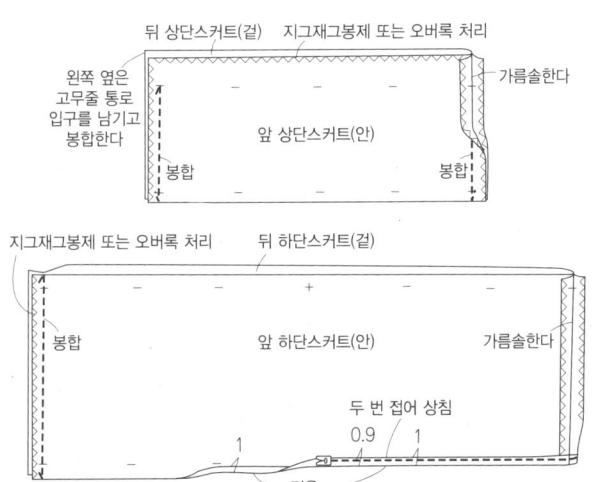

3. 각 단의 맞춰 봉합할 위치를 등분하고, 맞춤점을 표시한다. 하단스커트에 주름 봉합을 한다.

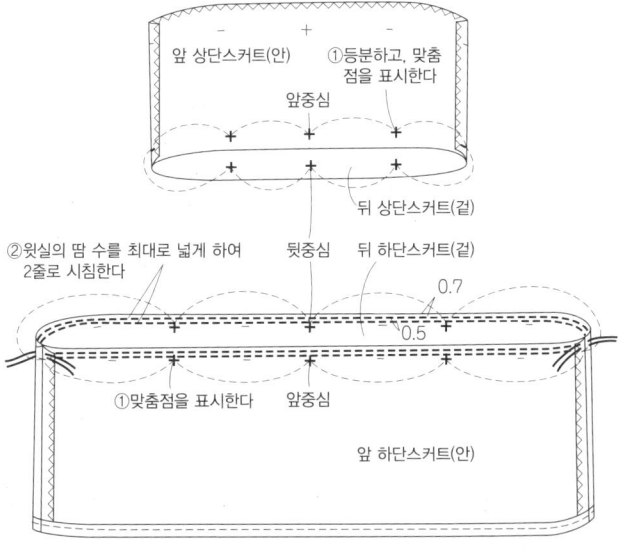

4 하단스커트에 주름을 잡는다.

- ⑤남겨둔 실을 당긴다
- 뒤 상단스커트(안)
- 앞 하단스커트(안)
- ③꺼낸 실을 묶는다
- ④고리의 실을 자른다
- ②맞춤점 위치의 실을 꺼내, 상단스커트의 길이와 맞춰 줄인다
- ①두 단의 맞춤점을 맞추고, 시침핀으로 고정한다

하단스커트를 떼어 낸다

하단스커트(안)

엄지손가락을 사용해 주름을 균등하게 고른다

시접을 다리미로 눌러 다려 주름을 정리한다

하단스커트(안)

5 상단스커트와 하단스커트를 맞춰 봉합한다.

- 상단스커트(안)
- ①맞춤점끼리 시침핀으로 고정
- ②맞춤점과 맞춤점 사이를 시침핀으로 고정
- ③봉합
- 하단스커트(안)

왼손은 주름이 움직이지 않도록 눌러준다

주름이 있는 스커트를 위로 놓고 오른손으로 시접을 눌러가면서 봉합

상단스커트(안)
①시접은 상단스커트 쪽으로 넘긴다
0.1 ②상침
하단스커트(안)

2장 함께 지그재그봉합 또는 오버록 통솔처리

하단스커트(안) 상단스커트(겉)

6 절개선에 레이스를 단다.

- 앞 상단스커트(겉)
- 왼쪽 옆
- 레이스를 겹친다
- 레이스(겉)
- 상침
- 앞 하단스커트(겉)

7 허리선을 봉합하고 고무줄을 통과시킨다.

2cm겹쳐 고정 봉합
접음
2.5
고무줄을 통과시킨다
봉합
뒤 상단스커트(안)
앞 상단스커트(안)
왼쪽옆

22·23 완성

34 페이지 25

25의 재료(기본)		90cm	100cm	110cm	120cm
겉감(코듀로이)	104cm폭	80cm	80cm	90cm	100cm
오가닉 코튼 레이스	2cm폭	140cm	150cm	160cm	170cm
고무줄	9mm폭	86cm	92cm	96cm	100cm

· 겉감은 털의 결이 위에서 아래로 내려오도록 재단합니다.

패턴에 대해서

◆ 패턴은 들어있지 않습니다.
* 앞스커트·뒷스커트는 제도 하여 패턴을 만듭니다.
* 앞프릴A·뒤프릴A·앞프릴B·뒤프릴B는 원단에 직접 그려 재단합니다.

코듀로이원단

25겉감 재단배치도

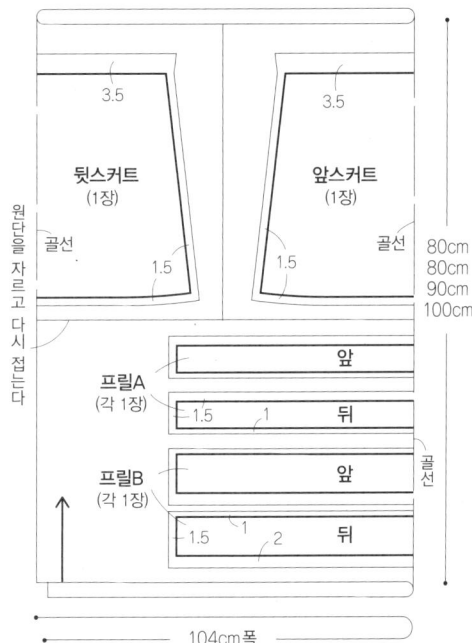

25의 제도

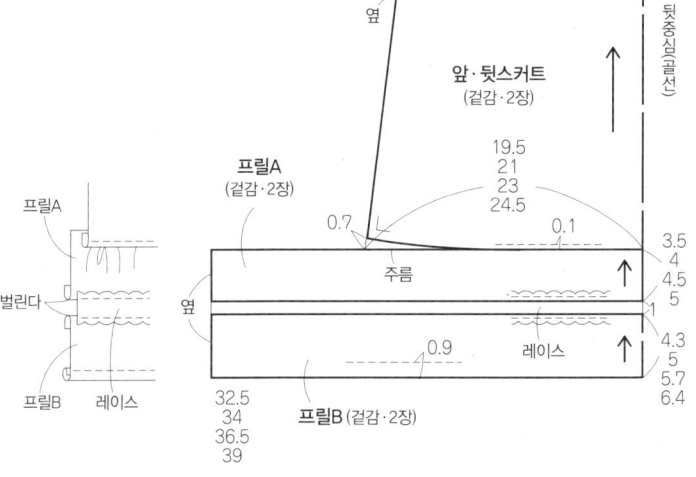

4단의 숫자는 위에서부터
90cm
100cm
110cm
120cm
단독 표기된 숫자는 공통

25의 봉합 순서

1 스커트의 옆선을 봉합한다.
2 프릴A·B의 사이에 레이스를 단다.
3 프릴의 옆선을 봉합한다.
4 프릴B의 밑단선을 봉합한다.
5 프릴A에 주름을 잡는다.
6 스커트와 프릴을 맞춰 봉합한다.
7 허리선을 봉합하고, 고무줄을 통과시킨다.

25완성

25의 만드는 방법

1 스커트의 옆선을 봉합한다.

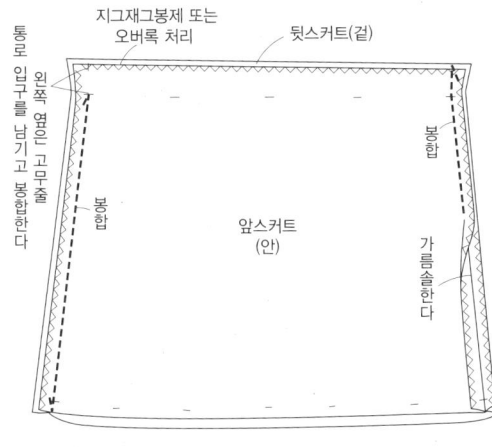

2 프릴A·B의 사이에 레이스를 단다.

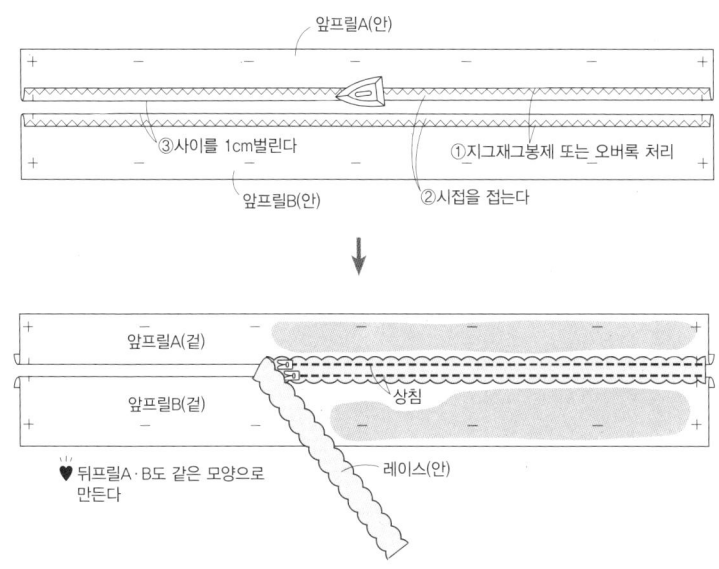

3 프릴의 옆선을 봉합한다.
4 프릴B의 밑단선을 봉합한다.

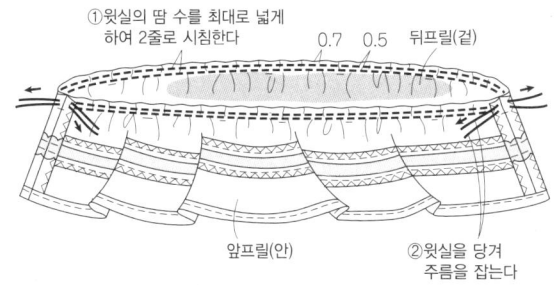

5 프릴A에 주름을 잡는다.

♥ 자세한 주름 잡는 방법은 72·73페이지를 참고합니다.

6 스커트와 프릴을 맞춰 봉합한다.

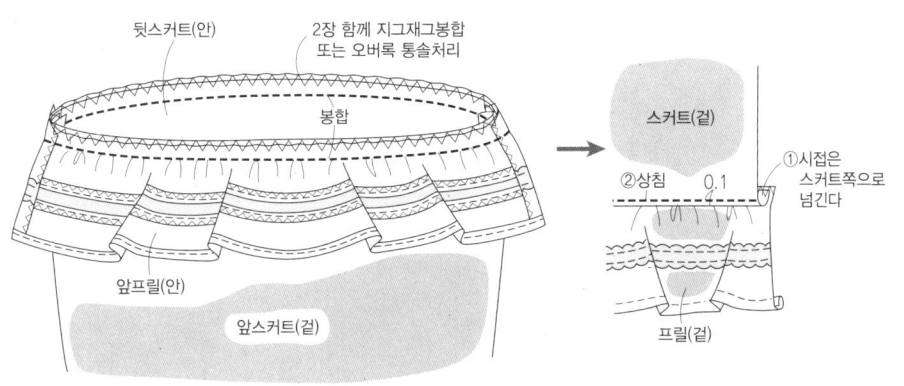

7 허리를 봉합하고, 고무줄을 통과시킨다.

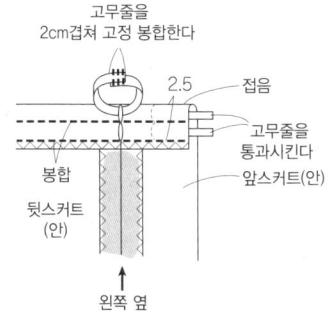

34 페이지 27

27의 재료(기본)		S	M	L
겉감(코듀로이)	104cm폭	240cm	250cm	260cm
리넨혼방 토션 레이스	2cm폭	220cm	225cm	235cm
고무줄	1.5cm폭	60cm	64cm	72cm

· 겉감은 털의 결이 위에서 아래로 내려오도록 재단합니다.

패턴에 대해서

◆ 패턴은 들어있지 않습니다.

* 앞스커트·뒷스커트는 제도를 그려 패턴을 만듭니다.
* 앞프릴A·뒤프릴A·앞프릴B·뒤프릴B는 원단에 직접 그려 재단합니다.

27의 제도

전체에 62cm의 고무줄을 통과시킨다

27의 만드는 방법

※ 자세한 만드는 방법은 75페이지의 No.25를 참고합니다.

2 프릴A·B의 중심선을 봉합한다.

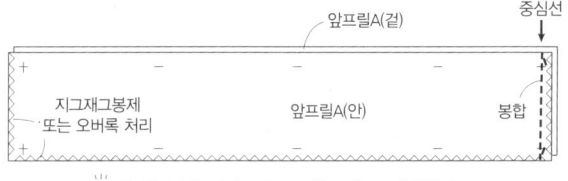

♥ 뒤프릴A와 앞·뒤의 프릴B도 같은 모양으로 봉합한다

8 허리선을 봉합하고, 고무줄을 통과시킨다.

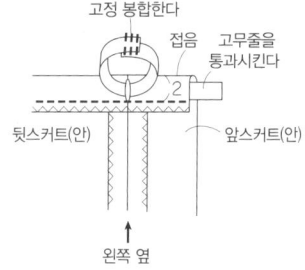

27의 봉합 순서

1. 스커트의 옆선을 봉합한다.
2. 프릴A·B의 중심선을 봉합한다.
3. 프릴A·B의 사이에 레이스를 단다.
4. 프릴의 옆선을 봉합한다.
5. 프릴B의 밑단선을 봉합한다.
6. 프릴A에 주름을 잡는다.
7. 스커트와 프릴을 맞춰 봉합한다.
8. 허리선을 봉합하고, 고무줄을 통과시킨다.

3단의 숫자는 위에서부터
S 사이즈
M 사이즈
L 사이즈
단독 표기된 숫자는 공통

27 완성

27 겉감 재단배치도

36 페이지 30

30의 재료(기본)		S	M	L
겉감(데님/체크 양면)	110cm폭	210cm	210cm	230cm
고무줄	1.5cm폭	60cm	64cm	72cm
단추(롤업밴드)	지름1.5cm	2개		
단추(주머니)	지름1.8cm	2개		

· 안주머니 덮개는 체크면을 겉면으로 사용합니다.

단색 데님/
프레피 체크원단

패턴에 대해서

◆패턴…A면 30을 사용합니다.

* 사용 패턴 … 앞팬츠·뒤팬츠·주머니 덮개·주머니·롤업밴드

30완성

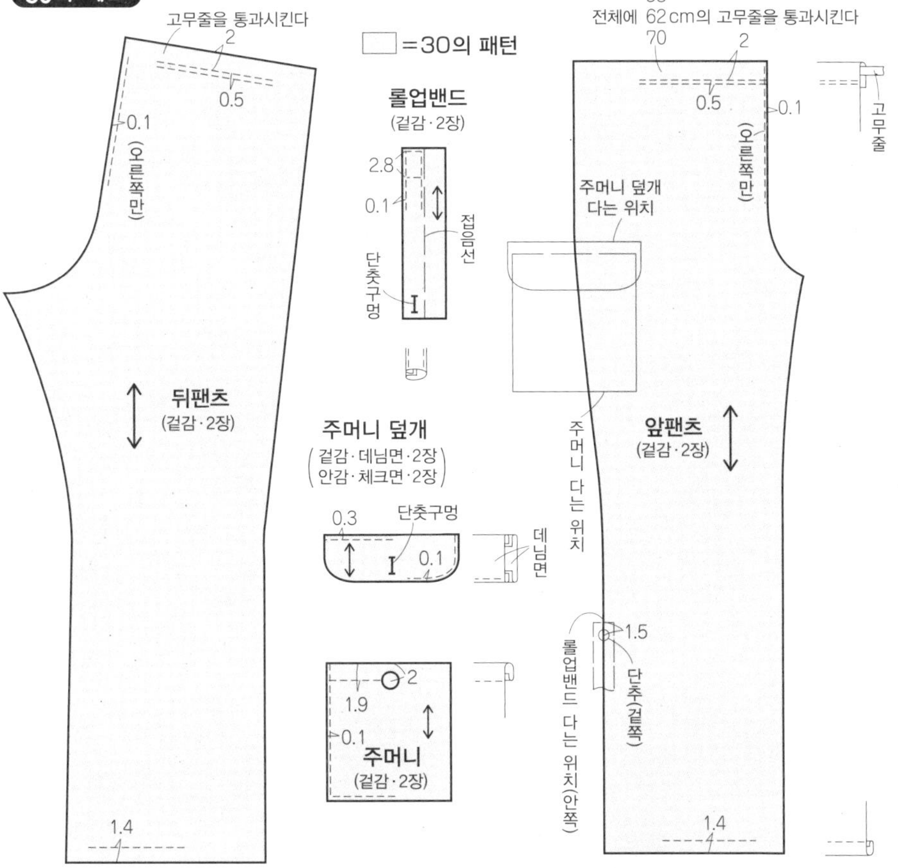

10 단추를 단다.

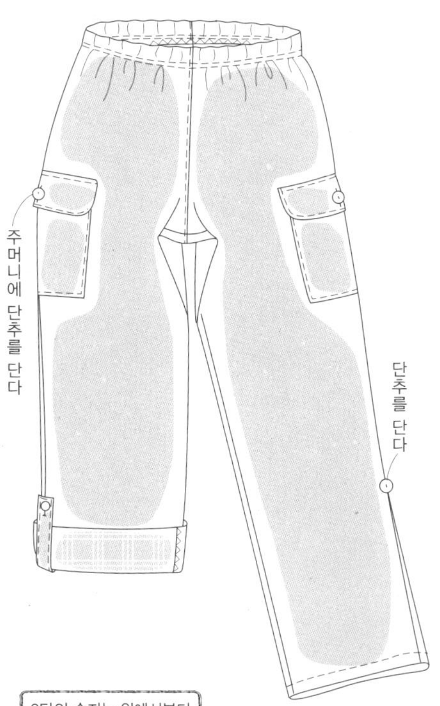

3단의 숫자는 위에서부터
S 사이즈
M사이즈
L사이즈
단독 표기된 숫자는 공통

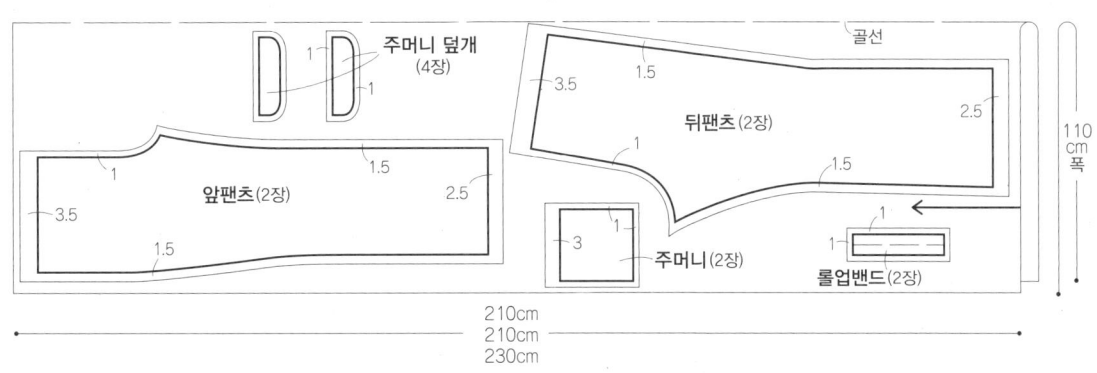

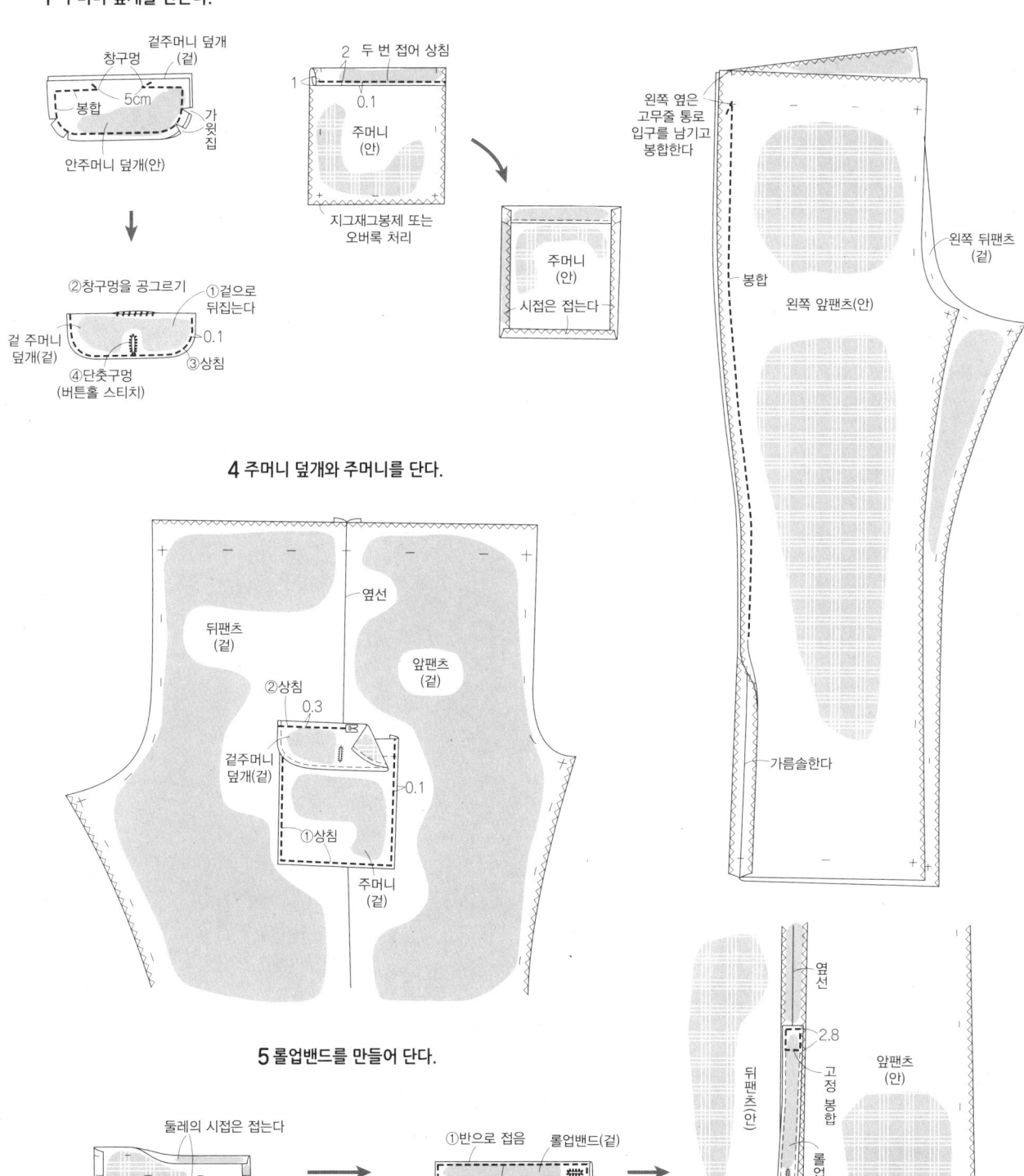

6 밑아래선을 봉합한다.

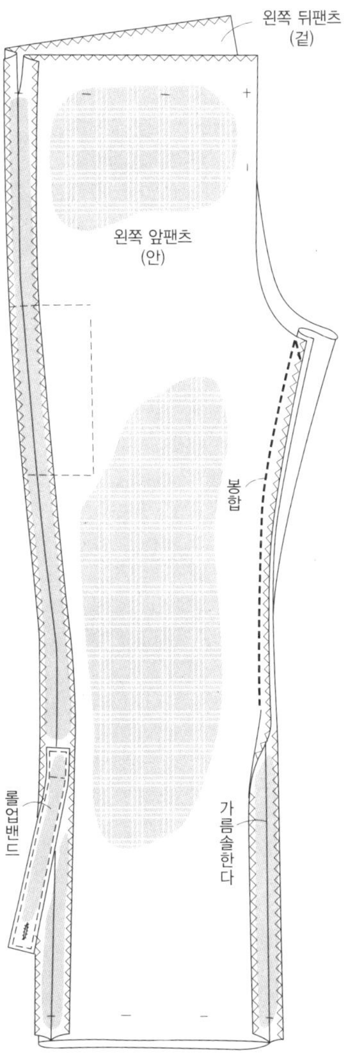

7 오른쪽 팬츠와 왼쪽 팬츠를 봉합한 후, 시접을 오른쪽으로 넘기고 겉에서 상침한다.

2장 함께 지그재그 봉합 또는 오버록 통솔처리

시접은 오른쪽으로 넘긴다

겉에서 밑위둘레선에 상침

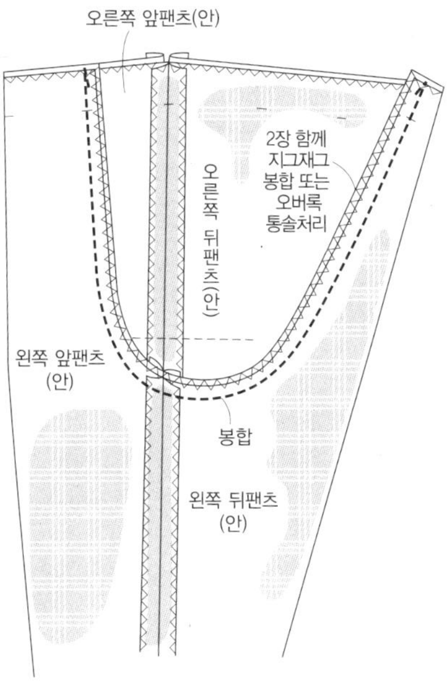

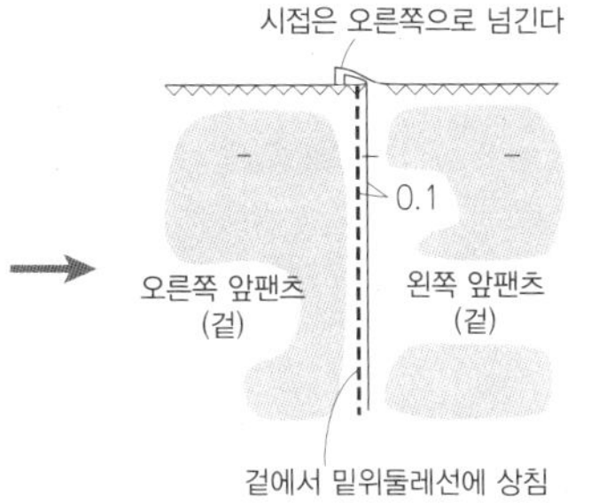

♥ 뒤팬츠도 같은 모양으로 봉합한다

8 허리선을 봉합하고, 고무줄을 통과시킨다.

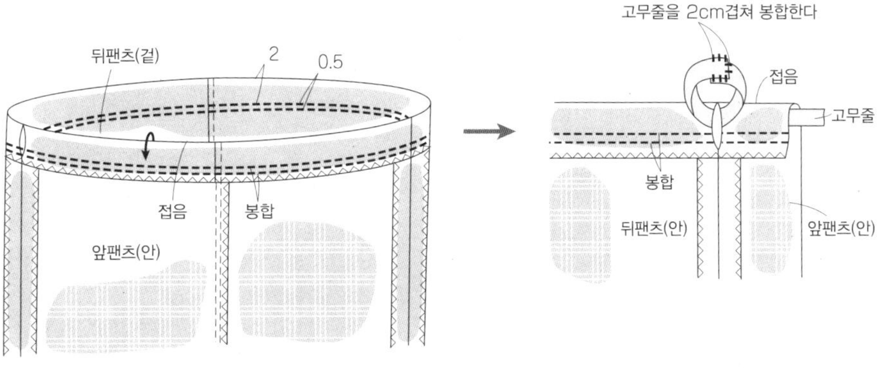

고무줄을 2cm겹쳐 봉합한다

9 밑단선을 봉합한다.

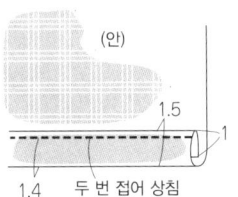

두 번 접어 상침

30의 봉합 순서

1. 주머니 덮개를 만든다.
2. 주머니를 만든다.
3. 옆선을 봉합한다.
4. 주머니 덮개와 주머니를 단다.
5. 롤업밴드를 만들어 단다.
6. 밑아래선을 봉합한다.
7. 오른쪽 팬츠와 왼쪽 팬츠를 봉합한 후, 시접을 오른쪽으로 넘기고 겉에서 상침한다.
8. 허리선을 봉합하고, 고무줄을 통과시킨다.
9. 밑단선을 봉합한다.
10. 단추를 단다.

40 페이지 34

34의 재료(기본)		90cm	100cm	110cm	120cm
겉감(자수가 들어간 트위드)	150cm폭	40cm	40cm	50cm	50cm
접착심	90cm폭	10cm			
고무줄	9mm폭	86cm	92cm	96cm	100cm

· 접착심은 커프스의 안쪽 면에 붙입니다.

패턴에 대해서

◆패턴 ··· A면 34를 사용합니다.

* 사용 패턴 ··· 앞팬츠·뒤팬츠

* 커프스는 원단에 직접 그려서 재단합니다.

모직 울원단

34의 만드는 방법

1 옆선과 밑아래선을 봉합한다.

34의 제도

 = 34의 패턴

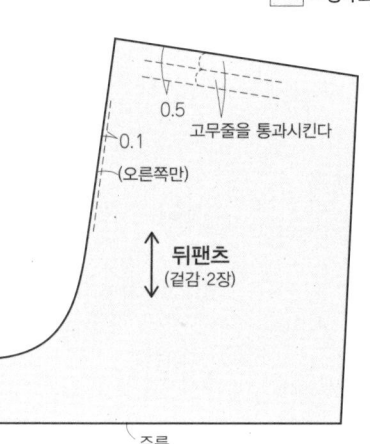

뒤팬츠 (겉감·2장), 앞팬츠 (겉감·2장)

고무줄을 통과시킨다
0.5, 0.1 (오른쪽만)
2.5, 0.1 (오른쪽만)
주름

전체에 41 / 44 / 46 / 48 cm의 고무줄을 통과시킨다

4단의 숫자는 위에서부터
90cm / 100cm / 110cm / 120cm
단독 표기된 숫자는 공통

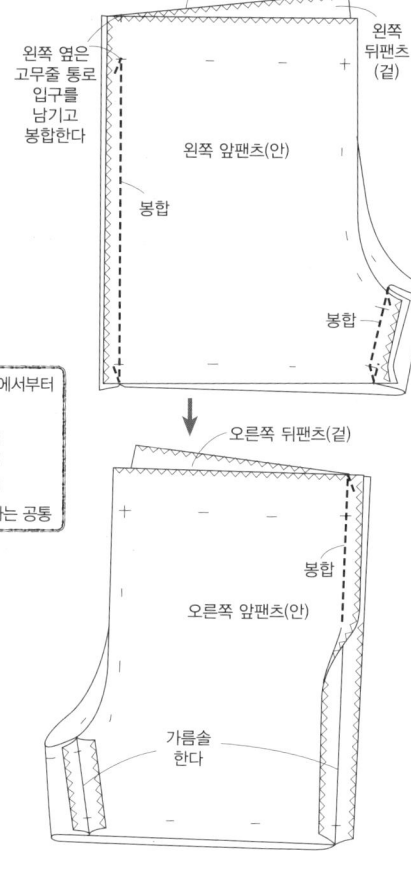

지그재그봉제 또는 오버록 처리
왼쪽 옆은 고무줄 통로 입구를 남기고 봉합한다
왼쪽 앞팬츠(안)
왼쪽 뒤팬츠(겉)
봉합

오른쪽 뒤팬츠(겉)
오른쪽 앞팬츠(안)
봉합
가름솔 한다

커프스 (겉감·접착심 각 2장)

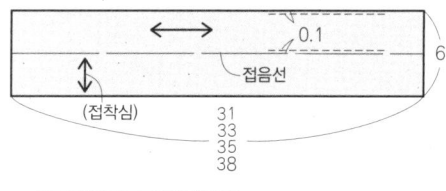

0.1, 6, 접음선, (접착심)
31 / 33 / 35 / 38

커프스 / 접착심 / 3

34 겉감 재단배치도

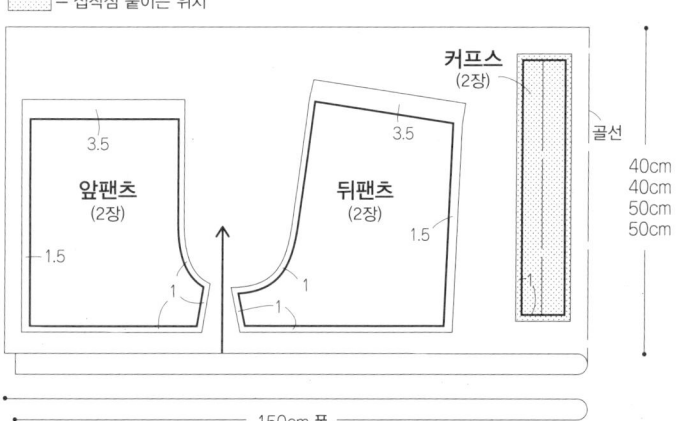

= 접착심 붙이는 위치

앞팬츠(2장), 뒤팬츠(2장), 커프스(2장)
3.5, 1.5, 1, 골선
40cm / 40cm / 50cm / 50cm
150cm 폭

2 오른쪽 팬츠와 왼쪽 팬츠를 봉합한 후, 시접을 오른쪽으로 넘기고 겉에서 상침한다.

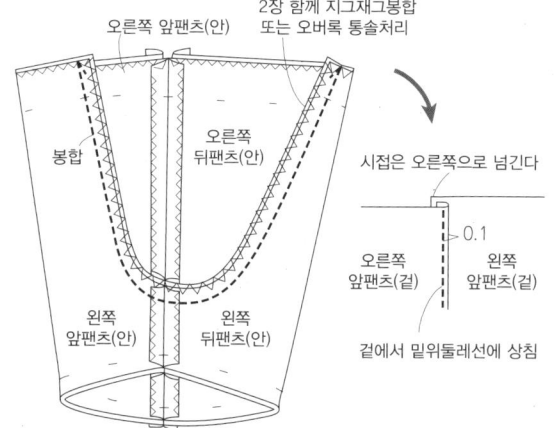

2장 함께 지그재그봉합 또는 오버록 통솔처리
오른쪽 앞팬츠(안), 오른쪽 뒤팬츠(안)
봉합
왼쪽 앞팬츠(안), 왼쪽 뒤팬츠(안)
시접은 오른쪽으로 넘긴다
0.1
오른쪽 앞팬츠(겉), 왼쪽 앞팬츠(겉)
겉에서 밑위둘레선에 상침

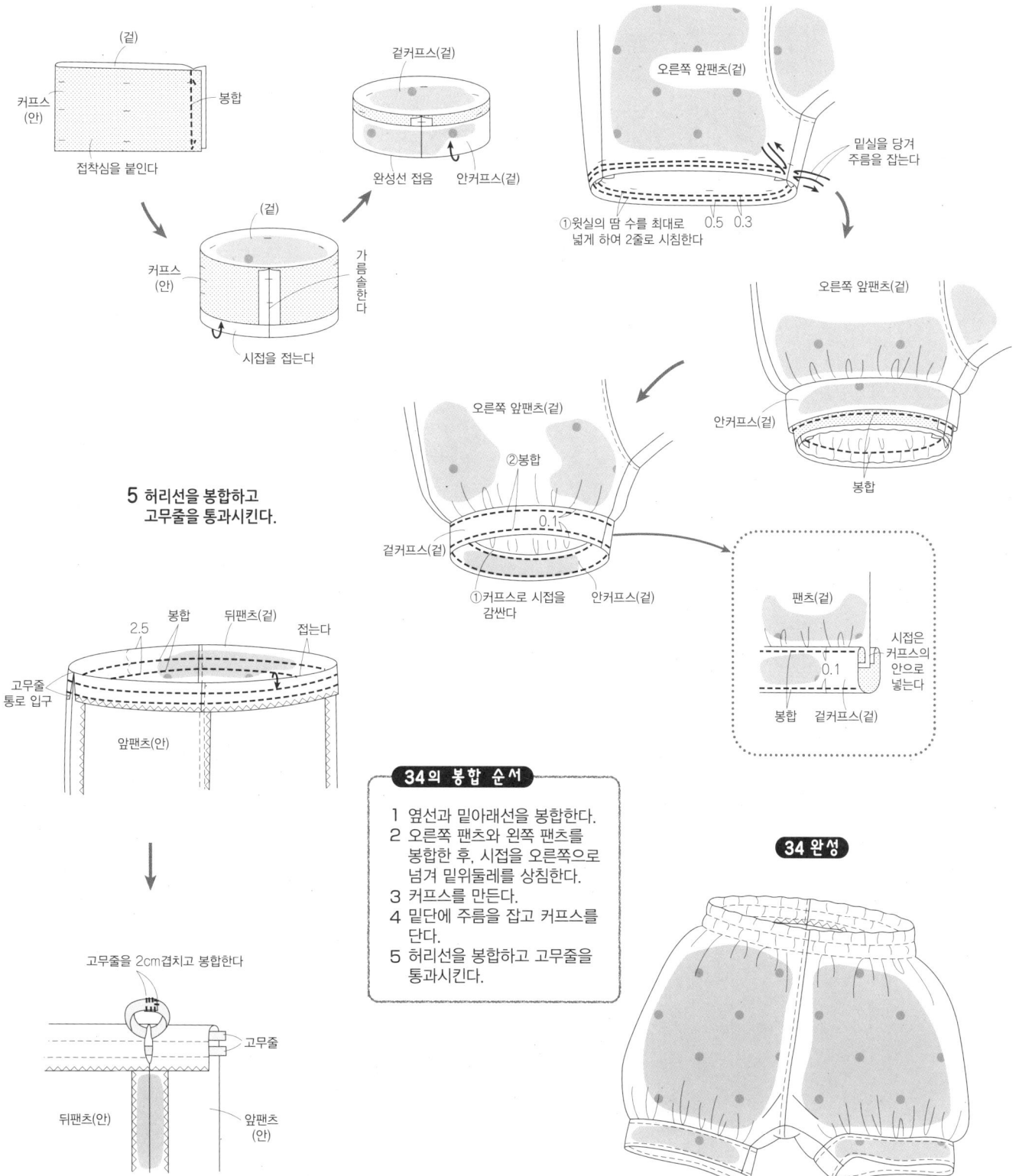

46 페이지 37

37의 재료(기본)		90cm	100cm	110cm	120cm
겉감(후라이스 프린트)	150cm폭	80cm	80cm	90cm	100cm
단추	지름 2cm	1개			
둥근고무줄	굵기 3mm	5cm			
바이어스테이프(양면)	1.27cm폭	약 50cm			

패턴에 대해서
◆ 패턴…A면 37을 사용합니다.
* 사용 패턴 … 앞몸판・뒷몸판・앞안단

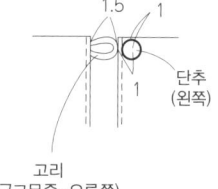

나염 폴라폴리스

37의 제도

☐ = 37의 패턴

4단의 숫자는 위에서부터
90cm
100cm
110cm
120cm
단독 표기된 숫자는 공통

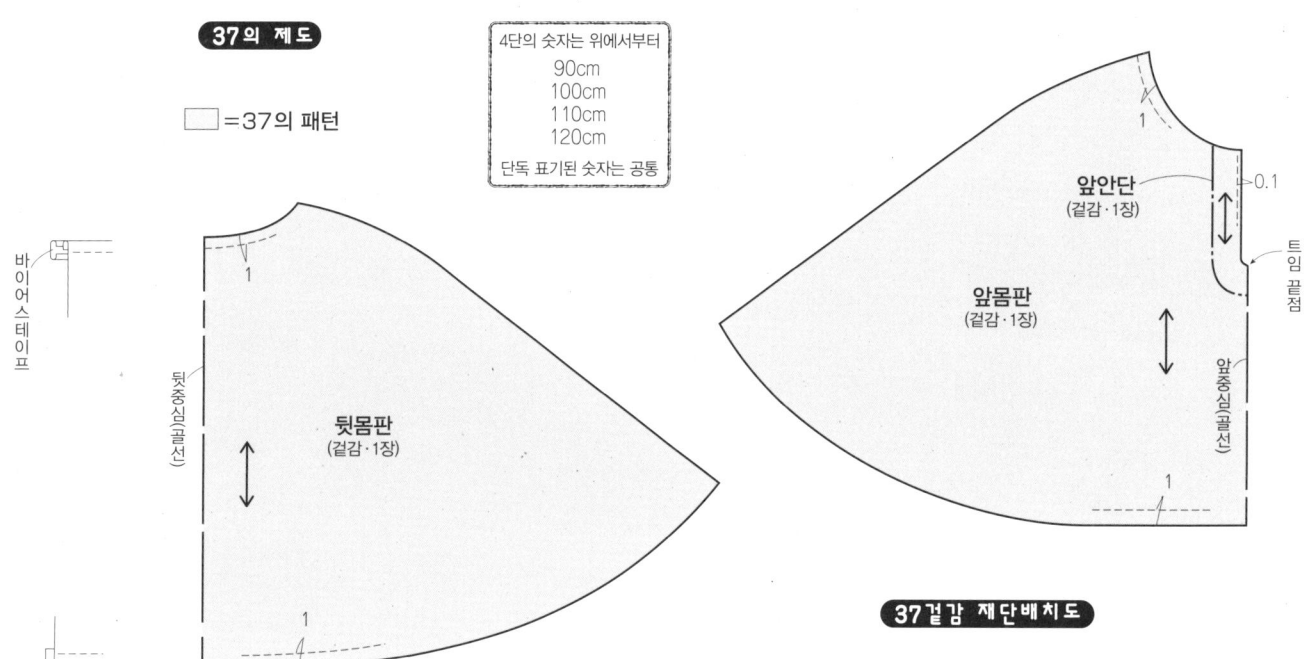

37의 봉합 순서
1. 어깨선을 봉합한다.
2. 앞몸판에 트임을 만들면서 목둘레를 바이어스테이프로 마무리한다.
3. 밑단선을 봉합한다.
4. 단추를 단다.

37 겉감 재단배치도

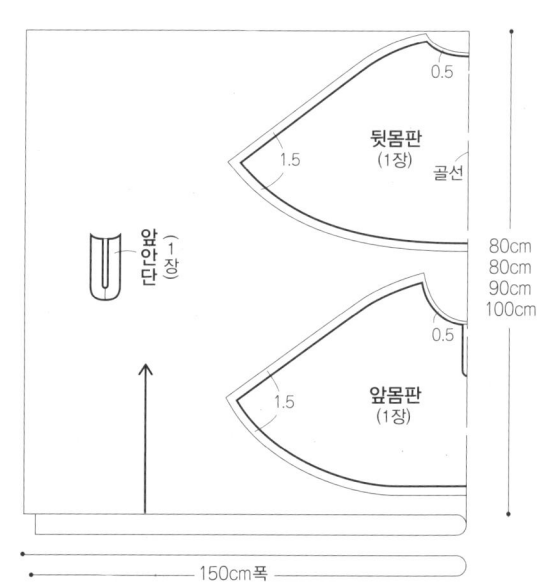

37의 만드는 방법

1 어깨선을 봉합한다.

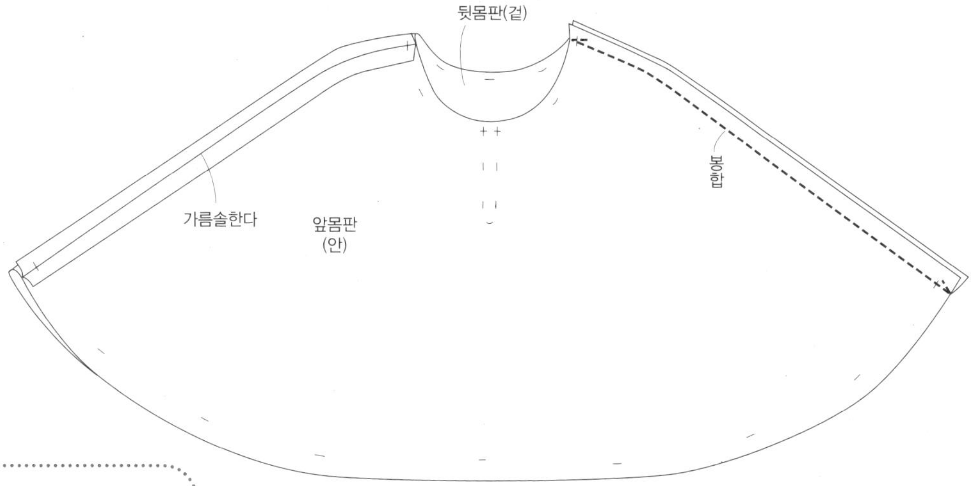

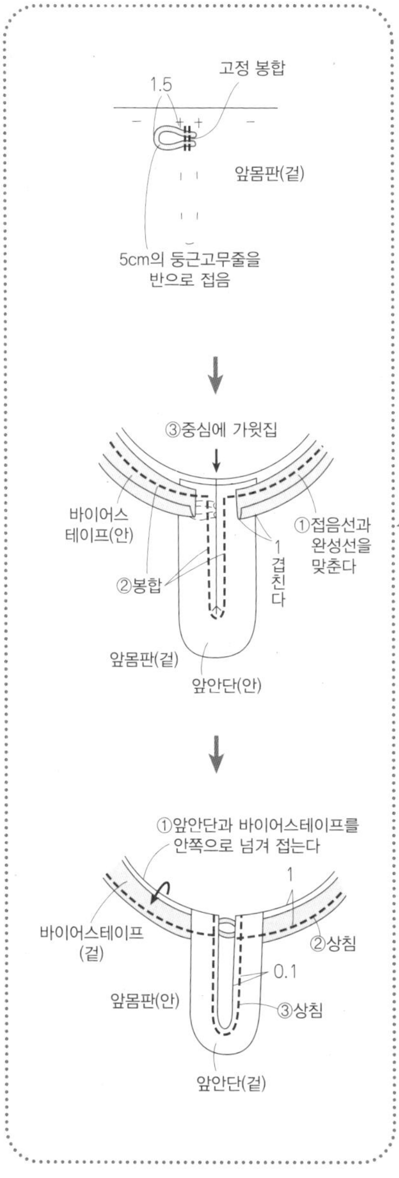

뒷몸판(겉)

가름솔한다   앞몸판(안)   봉합

2 앞몸판에 트임을 만들면서 목둘레를 바이어스테이프로 마무리한다.

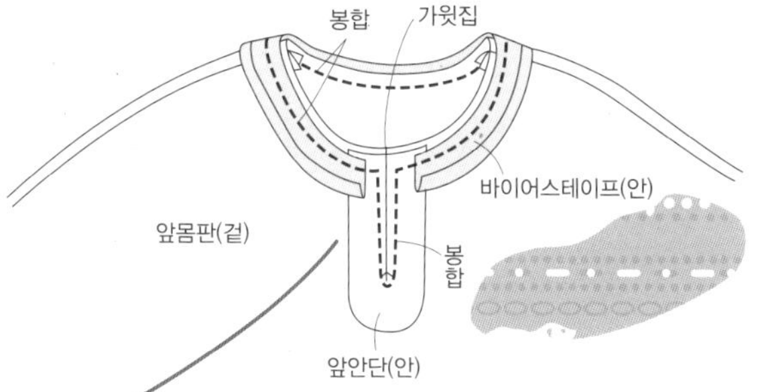

봉합   가윗집
앞몸판(겉)
봉합
앞안단(안)
바이어스테이프(안)

고정 봉합
1.5
앞몸판(겉)

5cm의 둥근고무줄을 반으로 접음

③중심에 가윗집
바이어스테이프(안)
②봉합
①겹친다
①접음선과 완성선을 맞춘다
앞몸판(겉)   앞안단(안)

①앞안단과 바이어스테이프를 안쪽으로 넘겨 접는다
바이어스테이프(겉)
1
②상침
앞몸판(안)
0.1
③상침
앞안단(겉)

37완성

3 밑단선을 봉합한다.
4 단추를 단다.

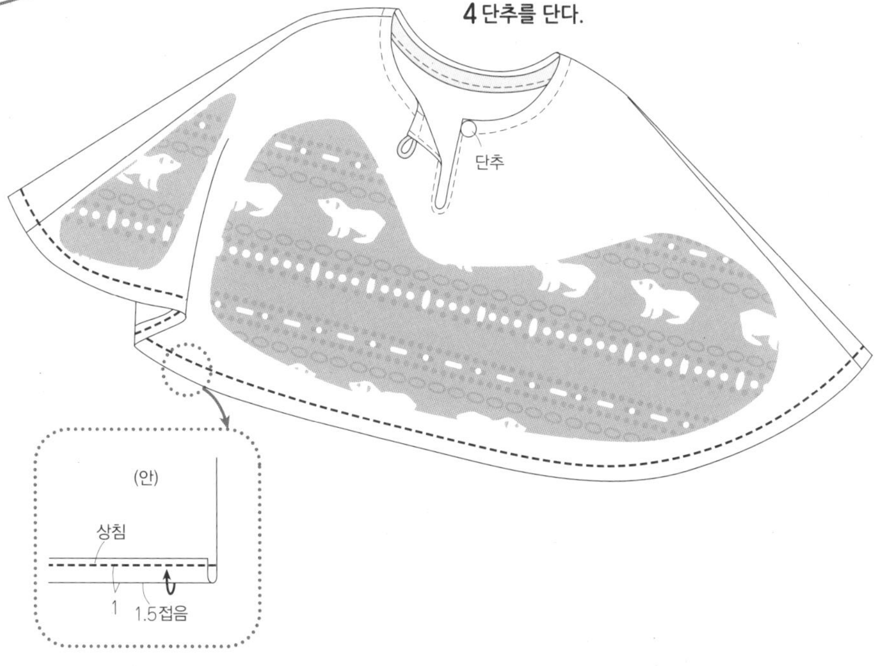

단추

(안)
상침
1   1.5접음

40 페이지 33

33의 재료 (30을 응용)		S	M	L
겉감(트위드)	150cm폭	80cm	80cm	110cm
고무줄	1.5cm폭	60cm	64cm	72cm

패턴에 대해서

◆패턴…A면30을 변형해서 사용합니다.
* 사용 패턴… 앞팬츠·뒤팬츠
* 팬츠길이를 짧게 수정합니다.

기모 울

※ 자세한 만드는 방법은 78·79페이지의 No.30을 참고합니다.

3단의 숫자는 위에서부터
S 사이즈
M 사이즈
L 사이즈
단독 표기된 숫자는 공통

33의 제도

☐ =30의 패턴

33겉감 재단배치도

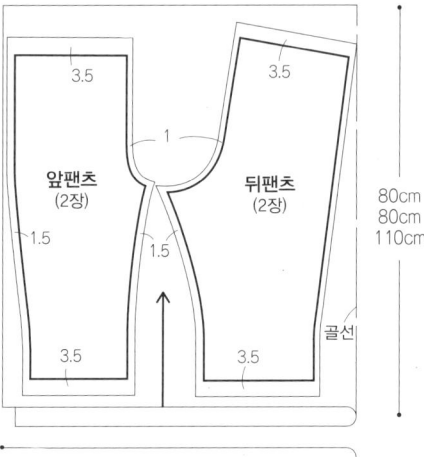

33의 봉합 순서

1 옆선을 봉합한다.
2 밑아래선을 봉합한다.
3 오른쪽 팬츠와 왼쪽 팬츠를 봉합한 후, 시접을 오른쪽으로 넘기고 겉에서 상침한다.
4 허리선을 봉합하고 고무줄을 통과시킨다.
5 밑단선을 봉합한다.

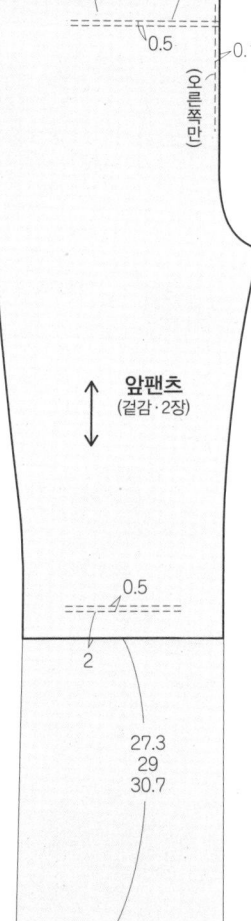

33완성

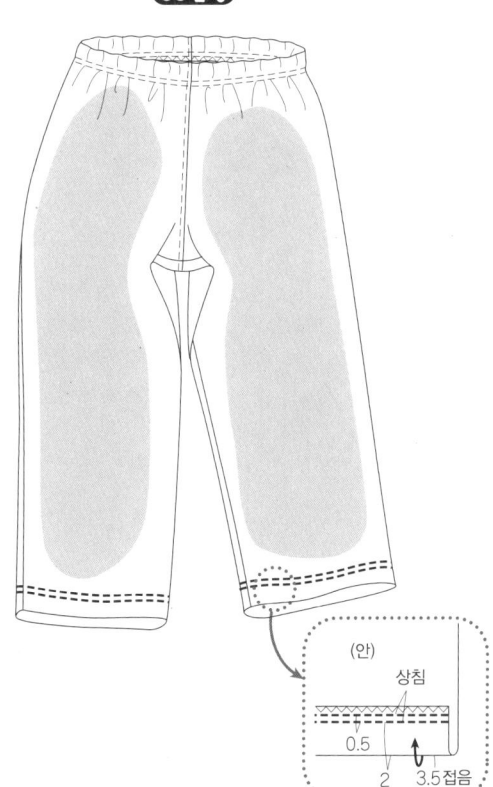

3 페이지 3

◆ 재료
- 겉감(울 혼방) 150cm폭 65cm
- 안감(코튼 프린트) 110cm폭 50cm
- 접착심 112cm폭 65cm
- 단추 지름 3.4cm 1개
- 스냅 단추 지름 2cm 1쌍

◆ 패턴은 들어있지 않습니다. 제도해 주세요.

도트융원단

3 겉감 재단배치도

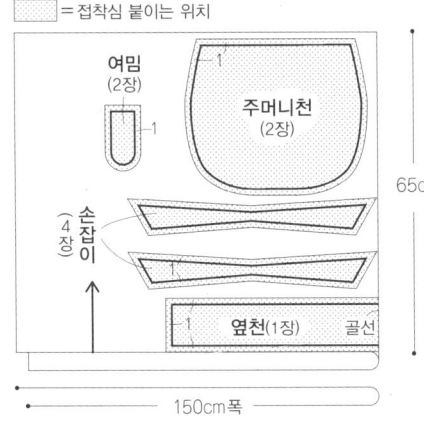

3의 제도

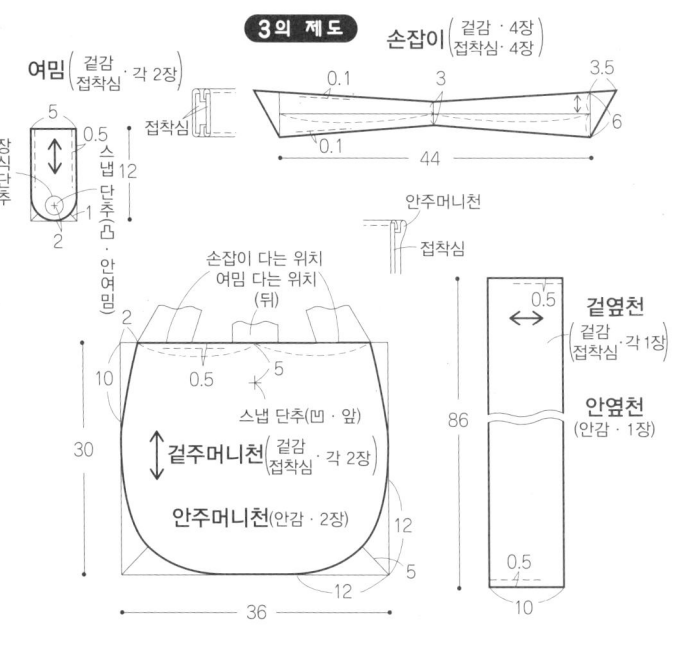

3의 만드는 방법

1 겉주머니천과 겉옆천을 맞춰 봉합한다.

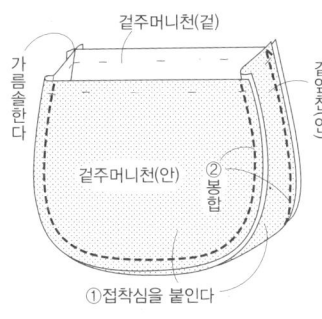

2 안주머니천과 안옆천을 맞춰 봉합한다.

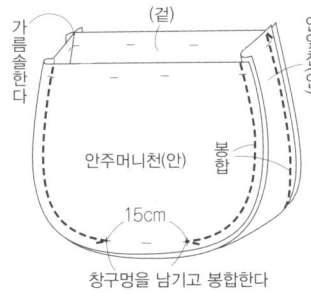

3 여밈을 만든다.

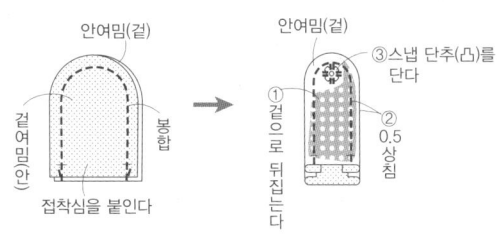

4 손잡이를 만든다.

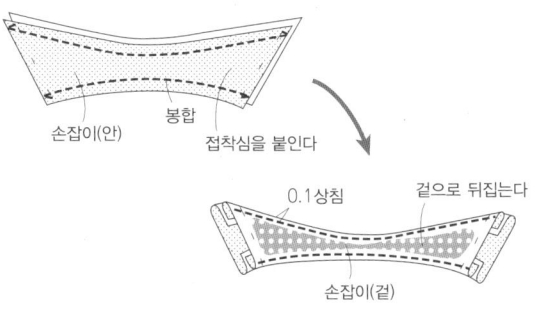

5 안주머니천 안에 겉주머니천을 넣고 여밈과 손잡이를 끼워 입구를 봉합한다.

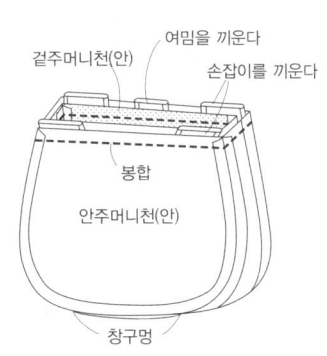

3 완성

6 겉으로 뒤집어 창구멍을 공그르기한다. 입구둘레를 상침하고 장식 단추를 단다.

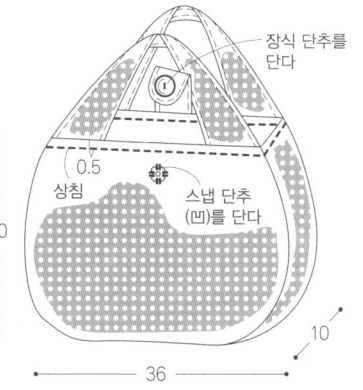

35 페이지 **28**

◆ **재료**
- A천(코듀로이·코코아색) 100cm폭 75cm
- B천(코듀로이·베이지색) 90cm폭 20cm
- C천(코튼 프린트) 65cm폭 75cm
- 접착심 90cm폭 20cm
- 리넨혼방 토션 레이스 2cm폭 85cm

◆ 패턴은 들어있지 않습니다. 제도해 주세요.

코듀로이원단

28의 제도

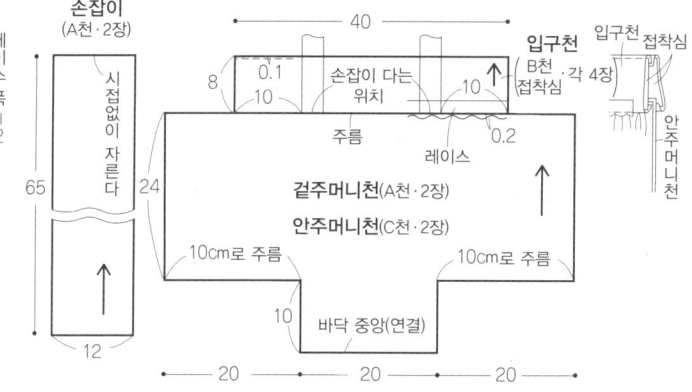

28의 만드는 방법

1 주머니천의 옆선을 봉합하고, 밑모서리 부분에 주름을 잡는다.

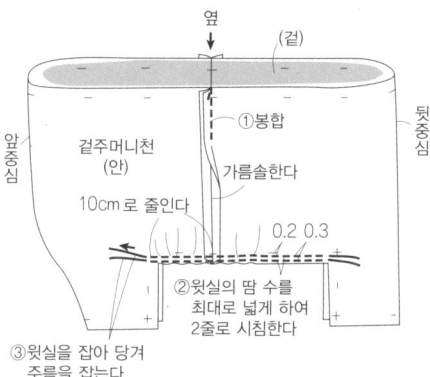

2 바닥선을 봉합한다.

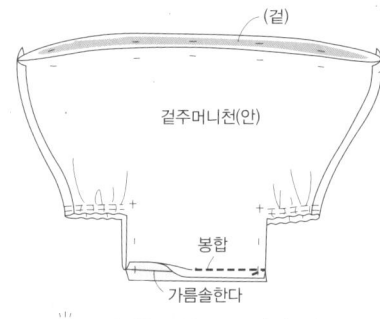

28 A천·C천의 재단배치도

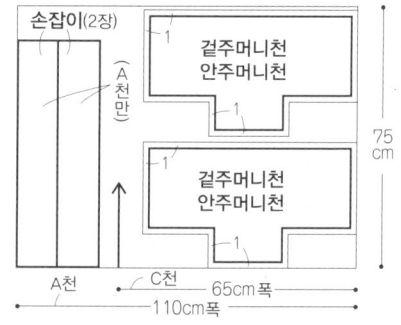

3 밑모서리를 봉합한다.

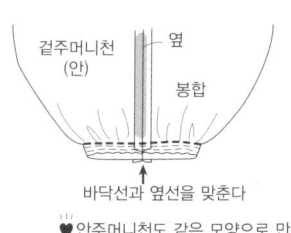

4 겉주머니천과 안주머니천을 겹쳐 주름을 잡는다.

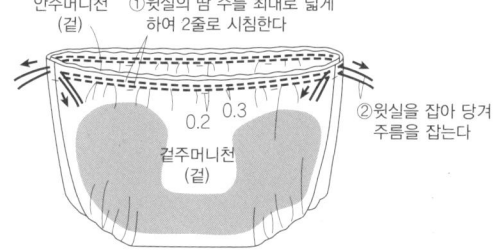

28 B천의 재단배치도

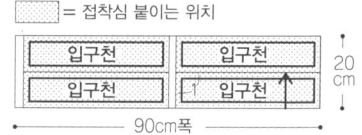

5 손잡이를 만든다.

6 입구천을 만든다. (88페이지 참고) 손잡이를 끼우고 겉입구천과 주머니천을 맞춰 봉합한다. 시접을 입구천 안에 넣어 안주머니천을 봉합한다.

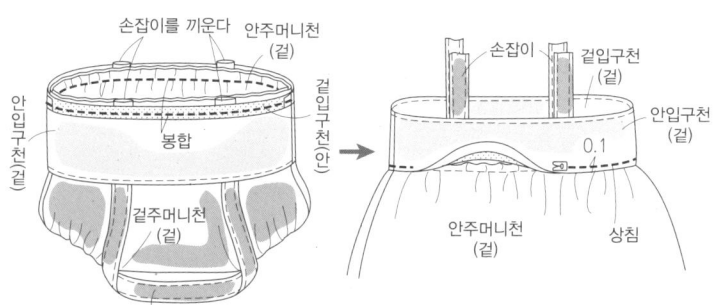

7 레이스를 단다.

28 완성

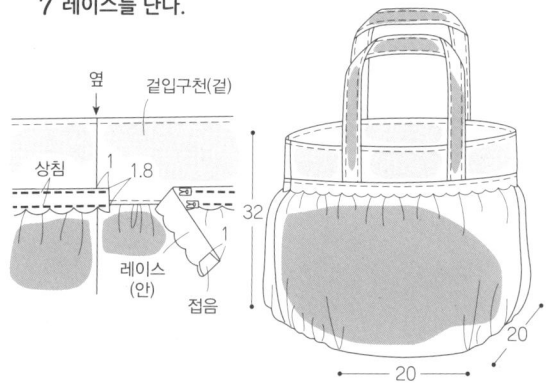

37 페이지 31

◆ 재료
- 겉감(데님/체크 양면) 110cm폭 115cm
- 접착심 112cm폭 60cm
- 벨크로 2.5cm폭 4cm

◆ 겉주머니천은 데님면을 겉면으로 사용합니다. 그 외의 부분은 체크면을 겉면으로 사용합니다.

◆ 패턴은 들어있지 않습니다. 제도해 주세요.

단색 데님/프레피 체크원단

31겉감 재단배치도

겉옆천 (겉감·체크면·1장 / 접착심·1장)
안옆천 (겉감·체크면·1장)

31의 제도

어깨끈 (겉감·체크면·1장 / 접착심·1장)

겉주머니천 (겉감·체크면·2장 / 접착심·2장 / 안주머니천 (안감·체크면·2장))

덮개 (겉감·체크면·2장 / 접착심·2장)

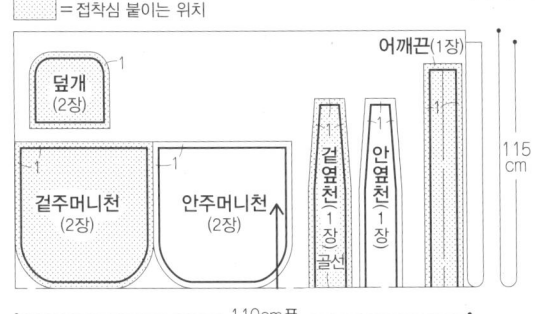

31의 만드는 방법

1 겉주머니천과 겉옆판을 봉합한다.

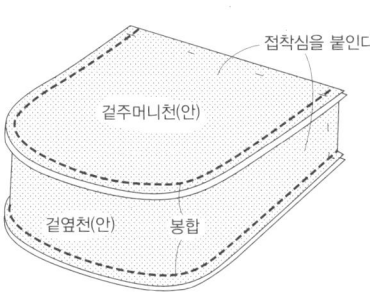

2 안주머니천과 안옆천을 봉합한다.

15cm 창구멍을 남기고 봉합한다

3 어깨끈을 만든다.

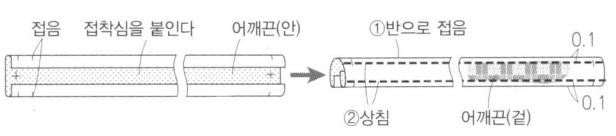

4 덮개를 만든다.

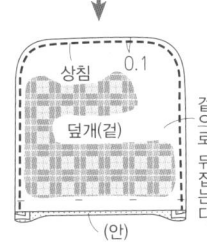

5 안주머니천 안에 겉주머니천을 넣고, 덮개와 어깨끈을 끼워 입구를 봉합한다.

6 겉으로 뒤집어 입구 둘레를 상침한다.

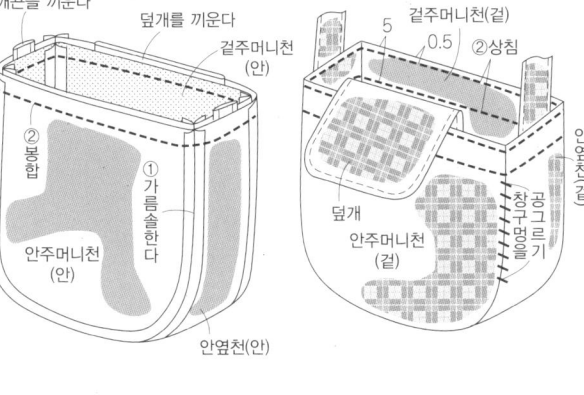

7 벨크로를 단다.

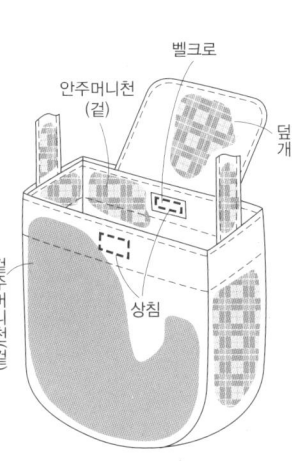

31완성

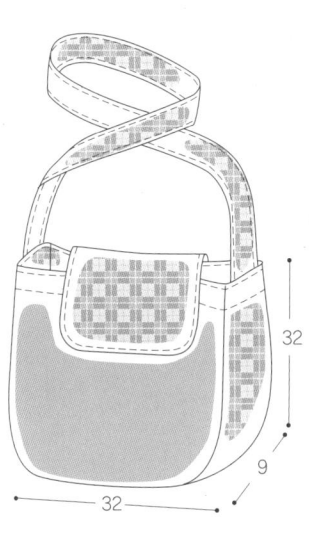

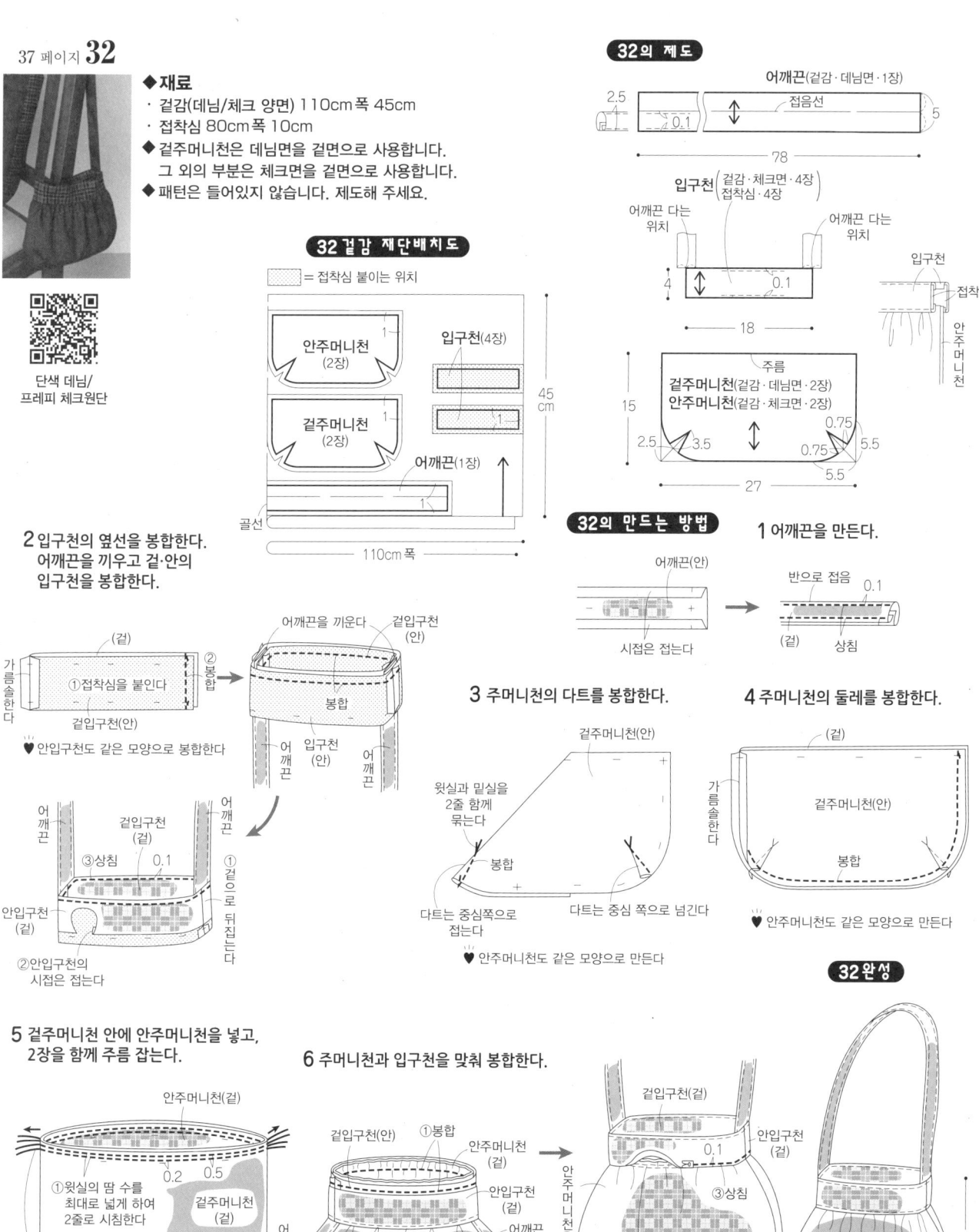

Magic Art

NCC New Premium Sewing Machine
뉴 프리미엄 스타일 미싱

미싱, 그 이상의 미싱!
내가 원하는 작품의 모든 스타일이
'매직아트'와 함께 최고의 작품으로 현실이 된다.

NCC '매직아트' 만의 **특별한 기능**

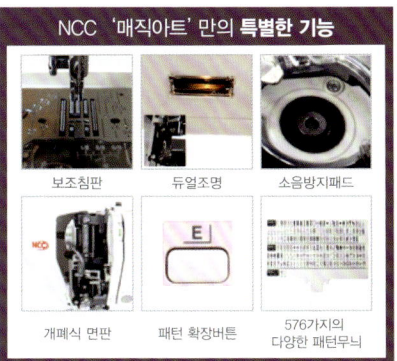

보조침판 | 듀얼조명 | 소음방지패드
개폐식 면판 | 패턴 확장버튼 | 576가지의 다양한 패턴무늬

NCC '매직아트' 만의 **편리한 기능**

즐겨찾기기능 | LCD 표시창 | 원스텝 자동 단추구멍 | 자동 실끼우기 장치
시작/정지버튼 | 바늘 상하 위치 조절버튼 | 속도조절 슬라이드 | 퀵 패턴 표시 다이얼

* 깔끔하고 다양한 봉제를 위한 '**편리한 기능**'과 아기가 잠을 자도 작업이 가능한 '**조용한 고품질의 성능**'!

* 미싱이 고장나도 작업을 멈추지 않아도 되는 '**GIVE & TAKE**'의 신개념 A/S시스템!

* 뉴 프리미엄 미싱 'NCC'는 대한민국의 소잉문화를 새롭게 만들어 나갑니다.

* **구입 가능한 곳**
  온라인
  – 패션스타트, 심플소잉, NCC 오프라인
  – '심플소잉NCC' 전국 대리점

 매직아트는 "15가지 종류의 노루발"을 포함 다양한 작품제작을 위한 44가지 종류의 사은품이 무료로 증정됩니다.
(사은품은 상황에 따라 변경될 수 있습니다.)   홈페이지 www.ncckorea.co.kr   문의전화 1644-5662

검색창에 [NCC미싱 ▼] 을 쳐보세요.

Fashion Sewing Academy

체계적이고 실용적인 패션 소잉 전문 교육프로그램

국내 최대 DIY 쇼핑몰 패션스타트와 FSA 사무국이 1년의 기간동안 준비한 국내 유일의 패션 소잉 전문교육 프로그램.

다년간 소잉DIY 관련 패턴 및 원·부재료를 판매해온 패션스타트에서 고객님들께서 가장 많이 제작하고, 가장 많이 제작하고 싶어하는 인기 아이템으로 구성된 교육 과정.

패션 소잉 강사가 되고 싶다면?

비용 부담으로 공방이나 대리점을 포기하거나 망설였던 분.
원단, 부재료, 교육자료 등의 구성이 어려워 소잉관련 교육을 포기 하셨던 분.
아이를 키우면서 여유시간으로 부업을 하고 싶으신 분.

▼

'저자본/ 고수익률/ 교육자료/ 장소제한' 등 모두 해결하였습니다.

- **모집일자**: 3,5,7,9,11월 공개모집 및 상시모집
- **조 건**: 자켓 봉제 수준 이상
- **과 정**: 강사모집 확인 – 강사신청 – 강사자격 획득 – 교육장 오픈
- **강사반 수강**: 강사에게 수강신청 – 취미반 수강 – 강사반 교육 – 강사자격 획득 – 교육장 오픈

패션 소잉을 배우고 싶다면?

기초부터 의상 봉제를 배우고 싶었지만 마땅한 교육기관을 찾지 못하셨던 분.
타 교육기관의 교육에 만족하지 못하셨던 분.
실용 의상 위주로 배워 내가족에게 나만의 스타일의 의상을 입혀주고 싶으신 분.

▼

인증된 전문강사에게 초급부터 고급봉제까지 체계적으로 교육받으실 수 있습니다.

- **모집일자**: 상시모집 (교육장은 패션스타트 사이트 참조)
- **신청방법**: 패션스타트 사이트 – FSA 강사 안내 페이지 – 교육장 안내를 참조하여 거주지와 가장 가까운 강의장 확인 – 강사 연락처로 연락하여 수강 문의

교육 과정 : 초/중/고급 3단계로 각 과정 50아이템씩 원하는 디자인으로 교육
교육 자료 : '원단, 부재료, 패턴' 패키지 / 강사용 교재 / 수강생 노트 / FSA 소개책자 등
※ 자세한 교육비와 교육 과정은 패션스타트 사이트 참조 (문의 : 070-4014-3220)

엄마와 딸의
핸드메이드 가을·겨울옷

초판 1쇄 인쇄 2012년 12월 13일
초판 1쇄 발행 2012년 12월 20일
발 행 인 신현호 정용효
기획/제작 임태훈 정미정 국효은
번   역 손수현
편   집 서승미
인   쇄 위위디자인

등록번호 제362-2009-7호
등록일자 2009년 5월 26일
발 행 처 (주)코하스 소잉스토리
          광주광역시 북구 무등로 120 해은회관 7층
대표전화 070_4014_3299
팩   스 062_515_8958
홈페이지 www.sewingstory.com

ISBN 978-89-94710-42-6 13590
판매가 13,500원

※ 잘못 인쇄된 책은 구입처에서 교환해 드립니다.
※ 소잉스토리는 소잉D.I.Y 취미실용서와 잡지를 출간합니다.

Lady Boutique Series No.2928 Mom to Onnanoko Tedzukuri dekiru Akifuyu no Fuku
Copyright ⓒ BOUTIQUE – SHA 2009 Printed in Japan
All rights reserved.
Original Japanese edition published in Japan by BOUTIQUE – SHA.
korean translation rights arranged with BOUTIQUE – SHA through DAIJO CRAFT CORP.

이 책의 한국어판 저작권은 BOUTIQUE – SHA Co., Ltd와의
독점 계약으로 (주)코하스에 있습니다.
신저작권법에 의해 한국 내에서 보호를 받는 저작물이므로
무단전재와 무단복제를 금합니다.

이 도서의 국립중앙도서관 출판시도서목록(CIP)은 e-CIP홈페이지
(http://www.nl.go.kr/ecip)와 국가자료공동목록시스템(http://w
ww.nl.go.kr/kolisnet)에서 이용하실 수 있습니다.
(CIP제어번호: CIP2012005763)

<Staff>
편집담당 相良敦子 北脇美秋
촬영   藤田律子
헤어&메이크업 佐藤夏美 (ヴィルトゥ)
모델   岡田智子 加藤幸子
레이아웃 紫垣和江
일러스트 榊原良一
그레이딩·패턴 長谷川綾子
패턴 제작 辰巳工房